Olivier N

Liberté Financière

Devenir riche même si vous êtes né pauvre !

"La seule façon de faire du bon travail est d'aimer ce que vous faites. Si vous ne l'avez pas encore trouvé, continuez à chercher. Ne vous installez pas." - Steve Jobs

"Ne limitez pas vos défis. Défiez vos limites." - Ed Koch

"La richesse est la capacité de vivre pleinement, et non l'accumulation de biens matériels." - Sénèque

" En suivant le chemin qui s'appelle "plus tard", vous arriverez sur la place qui s'appelle "Jamais"." - Sénèque

Le sommaire

—

Introduction

Qui suis-je ?

"Ce n'est pas votre faute si vous êtes né pauvres, mais c'est la vôtre si vous mourez pauvres." - Bill Gates

"Je suis né pauvre, mais je suis devenu riche. Et je vais vous montrer comment vous pouvez le faire aussi."

Bonjour, je m'appelle Olivier. J'ai 32 ans et je suis multi-millionnaire. Je ne suis pas né riche. Je viens d'une famille modeste et j'ai grandi dans un quartier difficile.

J'ai passé mon enfance et mon adolescence dans les quartiers pauvres de la banlieue de Strasbourg. J'ai vécu dans une famille déchirée, avec des parents divorcés. Mon père était paysan et ma mère femme de ménage. Ils ont eu du mal à joindre les deux bouts et nous avons souvent vécu dans la pauvreté.

Je n'ai pas trouvé ma place dans ce milieu. Je me sentais perdu et sans identité. J'ai commencé à traîner dans la rue avec les mauvaises fréquentations. Je me suis retrouvé impliqué dans des petits trafics et j'ai frôlé la prison.

À 21 ans, j'ai décidé de partir de la région pour trouver une vie meilleure. J'ai trouvé un job dans une grande ville. J'étais content de quitter mon quartier, mais j'ai vite déchanté.

Mon job était un enfer. J'étais le larbin de mon chef et je n'avais pas mon mot à dire. Je gagnais un peu plus que le SMIC, mais je n'arrivais pas à joindre les deux bouts. Je vivais dans un petit appartement miteux et je mangeais des pâtes tous les jours.

Je me suis rendu compte que je ne voulais pas vivre comme ça. Je voulais avoir une vie meilleure. Je voulais être riche.

Pourquoi j'écris ce livre ?

Lorsque j'avais environ 12 ans, je me promenais avec mon cousin dans notre petit village de campagne. Un accident avait bloqué la route et nous avons été arrêtés. Alors que nous regardions les voitures défiler, une magnifique Bugatti Veyron noire est arrivée. Je n'avais jamais rien vu de tel. La voiture était si belle, si puissante, si luxueuse. Je me suis dit que c'était le genre de voiture que je voulais conduire quand je serais grand.J'ai eu envie de m'approcher de la voiture pour la voir de plus près, mais j'étais trop timide. Mon cousin, lui, n'a pas eu peur. Il a approché le conducteur et lui a demandé si c'était une location. Le conducteur a répondu que non, qu'il l'avait achetée comptant.À ce moment-là, j'ai réalisé que je voulais être riche. Je voulais avoir cette voiture, et plus encore. Je voulais une vie meilleure, une vie où je serais libre de faire ce que je veux.Cette histoire m'a marqué à jamais. Elle m'a montré que c'était possible de devenir riche, même si on vient d'un milieu modeste.

Ce que vous allez apprendre

Je n'ai pas écrit ce livre pour me vanter de ma richesse. Je l'ai écrit pour vous inspirer.

Je sais que vous avez des rêves. Vous voulez devenir riche, vous voulez vivre une vie meilleure.

Je suis ici pour vous dire que c'est possible. Tout est possible si on est prêt à se battre pour ses rêves.
Je connais les obstacles que vous allez rencontrer. J'ai moi-même dû surmonter de nombreux obstacles pour devenir riche.

Mais je vous promets que si vous travaillez dur, si vous êtes persévérant, si vous ne lâchez jamais prise, vous atteindrez vos objectifs.

Je vous invite à me rejoindre dans cette aventure. Je suis sûr que vous pouvez atteindre vos rêves, peu importe d'où vous venez.

Chapitre 1: Ma vie

J'ai grandi dans une famille modeste, dans un petit village de campagne. Mon père était ouvrier dans une usine de textile et ma mère était femme au foyer. Nous n'avions pas beaucoup d'argent, et nous avons souvent dû faire des sacrifices.

Je me souviens qu'on ne pouvait pas se permettre de manger de la viande tous les jours. On mangeait souvent des pâtes, du riz ou des légumes. Et on ne partait jamais en vacances.

Je me souviens qu'on devait porter des vêtements d'occasion, et que j'étais souvent moqué par les autres enfants.

Je me souviens qu'on n'avait pas d'ordinateur ni de console de jeux, et que je devais me contenter d'aller jouer dehors.

Statistiques

Selon une étude de l'Insee, 1 enfant sur 5 vit dans une famille pauvre.

70 % des enfants pauvres vivent dans des quartiers défavorisés.

Les enfants pauvres ont moins de chances de réussir à l'école et de trouver un emploi stable.

Ces exemples et ces statistiques montrent que ma situation n'était pas unique. De nombreux enfants grandissent dans des familles modestes et connaissent des difficultés.

Malgré ces difficultés, j'ai réussi à surmonter les obstacles et à atteindre mes objectifs. Je suis aujourd'hui un millionnaire, et je vis la vie que je voulais.

Je veux partager mon histoire pour inspirer les autres à ne jamais abandonner leurs rêves, même si les obstacles semblent insurmontables.

Mon adolescence sans but

À l'adolescence, j'ai commencé à me rebeller contre ma famille et mon environnement. Je me suis mis à fumer, à boire et à faire des bêtises.

Je n'avais pas d'argent pour acheter le CD de jeu vidéo que je voulais, alors j'ai convaincu mon ami de mauvaise fréquentation de le voler avec moi. Nous avons attendu que la sécurité soit occupée, puis nous avons pris le CD et essayé de sortir du magasin.Mais nous avons été pris en flagrant délit et arrêtés par la patrouille. Nous avons été emmenés au poste de police, où nous avons été interrogés et condamnés à payer le CD. Ma mère a été furieuse et m'a puni sévèrement.

En classe de troisième, j'ai été placé dans un lycée professionnel de mauvaise réputation. La moitié de la classe était composée de jeunes délinquants. Je me sentais comme un étranger dans mon propre monde. Je me sentais perdu et en colère, et je me suis retrouvé dans une bande de jeunes. J'ai commencé à commettre des actes de violence, notamment des bagarres. Un jour, j'ai été pris dans une bagarre avec un autre élève. Je me suis battu pour me défendre, mais j'ai fini par frapper mon adversaire. J'ai été exclu du lycée pendant une semaine et j'ai été condamné à faire des travaux d'intérêt général dans un centre social.

Selon une étude de l'Insee, 10 % des adolescents ont déjà eu des problèmes de comportement.
5 % des adolescents ont déjà été exclus de l'école.
1 % des adolescents ont déjà été incarcérés.

J'étais un adolescent perdu et en colère. Je ne savais pas ce que je voulais faire de ma vie, et je me sentais rejeté par la société.

Je me suis retrouvé dans une bande de jeunes délinquants, et j'ai commencé à commettre des actes de violence. Je pensais que c'était la seule façon de me faire respecter.

Mais au fond de moi, je savais que ce n'était pas la bonne voie. Je voulais changer de vie, mais je ne savais pas comment.

J'étais un enfant timide et introverti. J'avais du mal à me faire des amis, et j'étais souvent victime de moqueries.

Je me sentais souvent en colère contre le monde. Je pensais que tout le monde était contre moi, et que je n'avais rien à perdre.

J'avais peur de l'avenir. Je ne savais pas ce que je serais capable de faire, et je ne savais pas comment je pourrais m'en sortir.

Mon rêve de devenir riche

Après avoir erré dans les rues de Strasbourg pendant des heures, je me suis senti épuisé et désespéré. Je me suis assis sur un banc et j'ai fermé les yeux.

Je me suis senti emporté par un sentiment de solitude. Je me sentais comme un étranger dans mon propre monde. Je ne savais pas où j'en étais ni où j'allais.

J'ai ouvert les yeux et j'ai regardé autour de moi. Les rues étaient vides et silencieuses. Je me suis senti encore plus seul.
J'ai pris une profonde inspiration et je me suis levé. Je savais qu'il ne pouvait pas rester là pour toujours. Je devais trouver une solution.

Mais je ne savais pas où aller ni quoi faire. J'étais perdu et désemparé.

Puis, j'ai pensé à mon rêve. Depuis que j'étais enfant, j'avais toujours rêvé de devenir riche. Je voulais avoir tout ce qu'il n'avait jamais eu : une belle maison, une voiture de sport, des vêtements de marque. Je savais que ce n'était pas facile de devenir riche. Il faudrait beaucoup de travail et de sacrifice. Mais j'étais déterminé à réussir.

Je me suis souvenu d'une citation de Robert Kiyosaki, auteur du livre "L'homme le plus riche de Babylone" : *"La richesse n'est pas ce que vous avez, mais ce que vous gagnez."*

J'ai réalisé qu'il fallait que je change ma façon de penser. Je ne pouvais pas attendre que la richesse me tombe dessus. Je devais la créer moi-même.

Mais malgré ma motivation, je ne savais pas comment m'y prendre. Je n'avais pas les connaissances ni les compétences nécessaires pour entreprendre quelque chose.

J'ai donc attendu qu'une idée me vienne, mais c'était une grosse erreur. Les années ont passé sans que cette fameuse idée ne tombe du ciel.

J'ai fini le lycée, obtenu un BTS et commencé à travailler. Au début, ça allait. Mais au bout de 5 ans de travail à faire des tâches à répétition, j'ai réalisé que cette idée ne viendrait jamais toute seule.

J'ai commencé à me documenter. D'abord sur Internet, puis en lisant des livres de développement personnel et financier.

J'ai lu "L'autoroute du millionnaire" et "Père riche, père pauvre". Ces livres m'ont ouvert les yeux sur la réalité de la richesse.

J'ai compris que la richesse ne tombe pas du ciel, qu'elle n'est pas une question de chance, mais un système financier construit par ses mains.

J'ai réalisé que les hommes et les femmes riches ne sont pas riches par chance. La chance n'existe pas. C'est une invention du pauvre pour se consoler dans sa pauvreté. C'est une invention pour lui faire croire qu'il est à sa place.

La richesse ne peut pas être construite par la chance, mais uniquement par un système financier construit avec soin.

La création de ma société

Après avoir compris que la richesse ne tombait pas du ciel, je me suis mis au travail. J'ai commencé par créer une chaîne YouTube sur la photographie.

Au début, ça n'a pas été facile. Je n'avais pas beaucoup de vues et je ne gagnais pas beaucoup d'argent. Mais j'ai continué à travailler dur et à apprendre.

Au bout de 1 an et demi, ma chaîne avait atteint 10 000 abonnés et je gagnais 500 euros par mois. C'était un bon début, mais je voulais faire plus.

J'ai donc décidé de créer un site web pour trouver facilement un photographe. Ce site permettait aux utilisateurs de trouver des photographes professionnels pour tous types d'événements.

Le site a rapidement connu un grand succès. En 2 ans, il avait plus de 1 million d'utilisateurs et je gagnais 100 000 euros par mois.

J'étais devenu un entrepreneur à succès. J'avais réalisé mon rêve de devenir riche.

Mais je n'étais pas satisfait. Je voulais faire plus. Je voulais créer une entreprise qui changerait le monde.

J'ai donc décidé de revendre le site pour 5 millions d'euros.

Avec cet argent, j'ai pris ma retraite à 27 ans. J'ai voyagé aux quatre coins du monde, appris de nouvelles choses, et profité de la vie.

J'ai visité des endroits magnifiques, rencontré des gens extraordinaires, et vécu des expériences inoubliables. J'ai appris à apprécier la simplicité de la vie et à profiter de chaque instant.

Je suis aujourd'hui un entrepreneur accompli. J'ai réalisé mon rêve de devenir riche et j'ai vécu une vie pleine et satisfaisante.

Chapitre 2 Qu'est-ce que la richesse ?

Partie 1 : La définition de la richesse

Dans la partie précédente, nous avons vu comment j'ai réalisé mon rêve de devenir riche. Mais qu'est-ce que la richesse ?

Pour moi, la richesse est un concept complexe qui ne se résume pas à l'argent. C'est un état d'abondance, de bien-être et de satisfaction.

L'argent est important, mais il n'est pas le seul facteur qui contribue à la richesse. La santé, les relations sociales, la liberté et le bonheur sont également des éléments importants.

Introduction

Je suis Olivier, et je suis un entrepreneur à succès. J'ai réalisé mon rêve de devenir riche, mais je ne suis pas satisfait. Je pense que la richesse est plus que de l'argent.

Définition de la richesse

Selon le dictionnaire Larousse, la richesse est "l'abondance de biens, de valeurs, de capitaux". Cette définition est la plus courante, mais elle est aussi la plus restrictive. Elle ne prend pas en compte les autres aspects de la richesse, tels que le bonheur, la santé ou la liberté.

Pour moi, la richesse est un état d'abondance, de bien-être et de satisfaction. C'est un état dans lequel on a tout ce dont on a besoin pour vivre une vie heureuse et épanouie.

Aspects de la richesse

La richesse a différents aspects. Il y a la richesse financière, qui est liée à l'argent. Il y a la richesse non-financière, qui est liée à des facteurs tels que la santé, les relations sociales, la liberté et le bonheur.

Pour moi, la richesse financière est importante, mais elle n'est pas le seul facteur qui contribue à ma satisfaction. Je suis également préoccupé par ma santé, mes relations sociales et mon bonheur.

La richesse est un concept complexe qui ne se résume pas à l'argent. C'est un état d'abondance, de bien-être et de satisfaction.

Partie 2 : Les différentes formes de richesse

Dans la partie précédente, nous avons vu que la richesse est un concept complexe qui ne se résume pas à l'argent. Il y a différents aspects de la richesse, qui peuvent être regroupés en deux catégories : la richesse financière et la richesse non-financière.

La richesse financière

La richesse financière est la plus courante. Elle est liée à l'argent et aux biens matériels. Elle comprend les actifs, tels que le capital, les investissements et les propriétés, ainsi que les revenus, tels que les salaires, les dividendes et les intérêts.

La richesse financière est importante car elle nous permet de satisfaire nos besoins fondamentaux, tels que la nourriture, le logement et les vêtements. Elle nous permet également de nous procurer des biens et des services qui améliorent notre qualité de vie, tels que les loisirs, les voyages et l'éducation.

La richesse non-financière

La richesse non-financière est moins tangible que la richesse financière. Elle est liée à des facteurs tels que la santé, les relations sociales, la liberté et le bonheur.

La santé

La santé est une composante essentielle de la richesse. Une bonne santé nous permet de vivre une vie active et épanouie.

Par exemple, un pauvre paysan vietnamien qui vit de ses récoltes et à une famille en bonne santé peut se sentir plus riche qu'un européen qui peut s'offrir tous les gadgets qu'il veut mais sa famille est souvent malade.

Les relations sociales

Les relations sociales sont également importantes pour notre richesse. Elles nous apportent du soutien, de l'amour et de la joie.

La liberté

La liberté est un autre aspect important de la richesse. Elle nous permet de faire nos propres choix et de vivre notre vie selon nos propres valeurs.

Le bonheur

Le bonheur est le but ultime de la richesse. C'est un état de satisfaction et de bien-être.

Conclusion

La richesse est un concept complexe qui a différents aspects. La richesse financière est importante, mais elle n'est pas le seul facteur qui contribue à une vie riche et épanouie. La richesse non-financière, telle que la santé, les relations sociales, la liberté et le bonheur, est également essentielle.

Partie 3 : Les différents niveaux de richesse

Dans la partie précédente, nous avons vu que la richesse est un concept complexe qui a différents aspects. La richesse financière et la richesse non-financière sont deux catégories importantes, mais elles peuvent être subdivisées en différents niveaux.

La richesse financière

La richesse financière peut être mesurée par le niveau de revenu, le patrimoine et la consommation.

Le niveau de revenu est le montant d'argent que l'on gagne chaque année. Il peut être utilisé pour mesurer le niveau de vie d'une personne.

Le patrimoine est la valeur de tous les biens et actifs que l'on possède. Il peut être utilisé pour mesurer la richesse globale d'une personne.
La consommation est la quantité de biens et services que l'on achète chaque année. Elle peut être utilisée pour mesurer la qualité de vie d'une personne.

La richesse non-financière

La richesse non-financière peut être mesurée par des facteurs tels que la santé, les relations sociales, la liberté et le bonheur.

La santé est un facteur important de la richesse. Une bonne santé nous permet de vivre une vie active et épanouie.

Les relations sociales sont également importantes pour la richesse. Elles nous apportent du soutien, de l'amour et de la joie.
La liberté est un autre aspect important de la richesse. Elle nous permet de faire nos propres choix et de vivre notre vie selon nos propres valeurs.
Le bonheur est le but ultime de la richesse. C'est un état de satisfaction et de bien-être.

Les différents niveaux de richesse

Il est possible de classer les personnes selon leur niveau de richesse, tant financier que non-financier.

Les personnes à faible niveau de richesse ont un revenu, un patrimoine et une consommation faibles. Elles peuvent avoir des problèmes de santé, des relations sociales limitées et un faible sentiment de liberté.

Les personnes à niveau de richesse moyen ont un revenu, un patrimoine et une consommation moyenne. Elles peuvent avoir une bonne santé, des relations sociales solides et un sentiment de liberté modéré. Les personnes à haut niveau de richesse ont un revenu, un patrimoine et une consommation élevés. Elles peuvent avoir une excellente santé, des relations sociales riches et un fort sentiment de liberté.

La richesse subjective

La richesse est également un concept subjectif. Ce qui est considéré comme riche pour une personne peut ne pas l'être pour une autre.

Une personne peut se sentir riche même si elle a un revenu et un patrimoine modestes. Elle peut avoir une bonne santé, des relations sociales solides et un fort sentiment de liberté.

Une autre personne peut se sentir pauvre même si elle a un revenu et un patrimoine élevés. Elle peut avoir des problèmes de santé, des relations sociales limitées et un faible sentiment de liberté.

Conclusion

La richesse est un concept complexe qui peut être mesuré de différentes manières. Il est possible de classer les personnes selon leur niveau de richesse, tant financier que non-financier. Cependant, la richesse est également un concept subjectif. Ce qui est considéré comme riche pour une personne peut ne pas l'être pour une autre.

Dans la prochaine partie, nous allons explorer les différents facteurs qui contribuent à la richesse.

Chapitre 3 : La différence entre un homme riche et un homme pauvre

Partie 1 : Les croyances limitantes

Dans le chapitre précédent, nous avons vu que la richesse est un concept complexe qui a différents aspects. Nous avons également vu que la richesse est un concept subjectif.

Dans ce chapitre, nous allons explorer les différences entre un homme riche et un homme pauvre. Nous allons voir que ces différences sont souvent dues à des croyances limitantes.

Qu'est-ce qu'une croyance limitante ?

Une croyance limitante est une croyance qui nous empêche d'atteindre nos objectifs. Elle peut être consciente ou inconsciente, et elle peut être basée sur notre expérience personnelle, nos éducations ou les messages que nous avons reçus de notre entourage.

Voici quelques exemples de croyances limitantes :

"Je ne suis pas assez intelligent pour réussir." Cette croyance peut empêcher une personne de prendre des risques ou de se lancer dans un nouveau projet.

"Je suis pas assez chanceux." Cette croyance peut empêcher une personne de persévérer face aux obstacles.

"L'argent ne fait pas le bonheur." Cette croyance peut empêcher une personne de se fixer des objectifs financiers ambitieux.

"Je ne suis pas fait pour être riche." Cette croyance peut empêcher une personne de croire en elle-même et en ses capacités.

Comment les croyances limitantes nous empêchent-elles d'être riches ?

Les croyances limitantes nous empêchent d'être riches de différentes manières. Elles peuvent nous empêcher :

De prendre des risques. Les croyances limitantes nous poussent à rester dans notre zone de confort, ce qui nous empêche de saisir de nouvelles opportunités.

De nous fixer des objectifs ambitieux. Les croyances limitantes nous font croire que nous ne pouvons pas atteindre nos objectifs, ce qui nous empêche de nous donner les moyens de les atteindre.

De travailler dur. Les croyances limitantes nous font croire que nous n'avons pas besoin de travailler dur pour réussir, ce qui nous empêche de nous dépasser.

De croire en nous-mêmes. Les croyances limitantes nous font douter de nos capacités, ce qui nous empêche de nous réaliser pleinement.

Comment surmonter les croyances limitantes ?

Il existe plusieurs façons de surmonter les croyances limitantes. Voici quelques conseils :

Réalisez que vous avez des croyances limitantes. La première étape pour surmonter une croyance limitante est de la reconnaître.

Mettez vos croyances à l'épreuve. Demandez-vous si vos croyances sont vraiment fondées sur des preuves.

Remplacez vos croyances limitantes par des croyances positives. Concentrez-vous sur vos forces et vos capacités.

Entourez-vous de personnes positives. Les personnes qui nous entourent ont un impact sur nos croyances.

Exemples concrets

Voici quelques exemples concrets de la façon dont les croyances limitantes peuvent nous empêcher d'être riches :

Une personne qui croit qu'elle n'est pas assez intelligente pour réussir peut ne pas se lancer dans une carrière dans les affaires ou la finance.
Une personne qui croit qu'elle n'est pas assez chanceuse peut ne pas postuler à un emploi qu'elle convoite.

Une personne qui croit que l'argent ne fait pas le bonheur peut ne pas se fixer des objectifs financiers ambitieux.
Une personne qui croit qu'elle n'est pas faite pour être riche peut ne pas croire en elle-même et en ses capacités.
Conseils supplémentaires

En plus des conseils mentionnés ci-dessus, il est important de se rappeler que les croyances limitantes ne sont pas immuables. Nous pouvons les changer en nous concentrant sur nos forces et nos capacités, et en nous entourant de personnes positives.

Conclusion

Les croyances limitantes sont un obstacle majeur à la richesse. En surmontant nos croyances limitantes, nous pouvons nous ouvrir à de nouvelles possibilités et atteindre nos objectifs.

Partie 2 : L'éducation financière

Introduction

Dans la partie précédente, nous avons vu que les croyances limitantes sont un obstacle majeur à la richesse. Dans cette partie, nous allons voir que l'éducation financière est un autre facteur important qui distingue les riches des pauvres.

Qu'est-ce que l'éducation financière ?

L'éducation financière est l'ensemble des connaissances et des compétences nécessaires pour gérer son argent de manière efficace. Elle comprend des domaines tels que le budget, l'épargne, l'investissement, la dette et la fiscalité.

Pourquoi l'éducation financière est-elle importante ?

L'éducation financière est importante pour plusieurs raisons. Elle nous permet :

De comprendre nos finances. En comprenant nos finances, nous pouvons prendre des décisions éclairées sur notre argent.

D'atteindre nos objectifs financiers. En ayant les connaissances et les compétences nécessaires, nous sommes plus susceptibles d'atteindre nos objectifs financiers, tels que l'achat d'une maison, la retraite ou l'éducation de nos enfants.
De réduire notre risque financier. En comprenant les risques financiers, nous pouvons prendre des mesures pour les réduire.

Les différences entre les riches et les pauvres en matière d'éducation financière

Les riches ont tendance à avoir un niveau d'éducation financière plus élevé que les pauvres. Ils sont plus susceptibles de comprendre les principes fondamentaux de la finance et de prendre des décisions financières éclairées.

Exemples

Voici quelques exemples de différences entre les riches et les pauvres en matière d'éducation financière :

Les riches sont plus susceptibles de budgéter. Ils comprennent l'importance de suivre leurs dépenses et de créer un budget pour atteindre leurs objectifs. Par exemple, un riche peut créer un budget pour épargner pour un nouvel investissement, tandis qu'un pauvre peut créer un budget pour s'assurer de pouvoir payer ses factures.

Les riches sont plus susceptibles d'épargner. Ils comprennent l'importance d'épargner pour l'avenir et de créer un fonds d'urgence. Par exemple, un riche peut épargner pour sa retraite, tandis qu'un pauvre peut épargner pour une voiture ou un logement.

Les riches sont plus susceptibles d'investir. Ils comprennent l'importance d'investir pour faire fructifier leur argent. Par exemple, un riche peut investir dans des actions ou des obligations, tandis qu'un pauvre peut investir dans des produits d'épargne à faible risque.

Les riches sont plus susceptibles de gérer leur dette. Ils comprennent l'importance de rembourser leur dette le plus rapidement possible. Par exemple, un riche peut rembourser son prêt étudiant rapidement, tandis qu'un pauvre peut avoir du mal à rembourser ses dettes de carte de crédit.

Les riches sont plus susceptibles de comprendre la fiscalité. Ils comprennent l'importance de payer leurs impôts correctement et de réduire leur facture fiscale.

Par exemple, un riche peut utiliser des déductions et des crédits d'impôt pour réduire son revenu imposable, tandis qu'un pauvre peut être moins conscient des options fiscales dont il dispose.

Comment obtenir une éducation financière

Il existe de nombreuses façons d'obtenir une éducation financière. Voici quelques conseils :

Lisez des livres et des articles sur la finance. Il existe de nombreuses ressources disponibles en ligne et dans les bibliothèques. Par exemple, vous pouvez lire des livres sur la façon de créer un budget, d'épargner pour l'avenir ou d'investir.

Prenez des cours de finance. De nombreuses universités et organisations offrent des cours de finance. Par exemple, vous pouvez suivre un cours sur le budget ou l'investissement.
Demandez conseil à un professionnel. Un conseiller financier peut vous aider à développer un plan financier personnalisé. Par exemple, vous pouvez demander à un conseiller financier de vous aider à créer un budget ou à investir votre argent.

Conclusion

L'éducation financière est un investissement important pour notre avenir. En apprenant les principes fondamentaux de la finance, nous pouvons prendre des décisions éclairées sur notre argent et augmenter nos chances de réussite financière.

Partie 3 : Les habitudes

Introduction

Dans les parties précédentes, nous avons vu que les croyances limitantes et l'éducation financière sont deux facteurs importants qui distinguent les riches des pauvres. Dans cette partie, nous allons voir que les habitudes sont également un facteur important.

Qu'est-ce qu'une habitude ?

Une habitude est un comportement que nous répétons de manière automatique. Les habitudes peuvent être bonnes ou mauvaises.

Pourquoi les habitudes sont-elles importantes ?

Les habitudes sont importantes car elles ont un impact sur notre vie. Elles peuvent nous aider à atteindre nos objectifs ou nous empêcher de les atteindre.

Les différences entre les riches et les pauvres en matière d'habitudes

Les riches ont tendance à avoir des habitudes plus saines que les pauvres. Ils ont des habitudes qui les aident à atteindre leurs objectifs financiers.

Voici quelques exemples de différences entre les riches et les pauvres en matière d'habitudes :

Les riches sont plus susceptibles d'épargner. Ils ont l'habitude de mettre de l'argent de côté chaque mois, même si ce n'est que quelques euros. Ils comprennent l'importance de l'épargne pour atteindre leurs objectifs financiers à long terme.

Les riches sont plus susceptibles d'investir. Ils ont l'habitude d'investir leur argent pour le faire fructifier. Ils comprennent que l'investissement est un moyen de faire croître leur patrimoine financier.

Les riches sont plus susceptibles de se fixer des objectifs financiers. Ils ont l'habitude de se fixer des objectifs financiers à court, moyen et long terme. Ils comprennent que la définition d'objectifs clairs est essentielle pour atteindre la réussite financière.

Les riches sont plus susceptibles de suivre leurs progrès. Ils ont l'habitude de suivre leurs progrès pour s'assurer qu'ils sont sur la bonne voie pour atteindre leurs objectifs. Ils comprennent que le suivi des progrès est important pour rester motivé et concentré.

Comment changer nos habitudes

Il est possible de changer nos habitudes. Voici quelques conseils :

Identifiez vos habitudes négatives. La première étape pour changer une habitude est de l'identifier. Prenez le temps de réfléchir à vos habitudes financières, bonnes et mauvaises.

Décidez d'adopter une nouvelle habitude. Une fois que vous avez identifié votre habitude négative, décidez d'adopter une nouvelle habitude qui la remplacera. Par exemple, si vous avez l'habitude de dépenser tout votre argent dès que vous le recevez, décidez d'adopter l'habitude d'épargner un certain montant chaque mois.

Faites un plan. Définissez des étapes claires pour vous aider à adopter votre nouvelle habitude. Par exemple, si vous décidez d'épargner 100 euros par mois, fixez-vous comme objectif d'épargner 25 euros par semaine.

Soyez patient. Il faut du temps pour changer une habitude. Ne vous découragez pas si vous ne voyez pas de résultats immédiatement. Continuez à travailler sur votre nouvelle habitude et vous verrez les résultats avec le temps.

Les habitudes sont un facteur important qui distingue les riches des pauvres. En adoptant des habitudes saines, nous pouvons augmenter nos chances de réussite financière.

Partie 4 : Les actions

Introduction

Dans les parties précédentes, nous avons vu que les croyances limitantes, l'éducation financière et les habitudes sont des facteurs importants qui distinguent les riches des pauvres. Dans cette partie, nous allons voir que les actions sont également un facteur important.

Qu'est-ce qu'une action ?

Une action est un acte que nous accomplissons. Les actions peuvent être grandes ou petites, positives ou négatives.

Pourquoi les actions sont-elles importantes ?

Les actions sont importantes car elles ont un impact sur notre vie. Elles peuvent nous aider à atteindre nos objectifs ou nous empêcher de les atteindre.

Les différences entre les riches et les pauvres en matière d'actions

Les riches ont tendance à prendre plus d'actions que les pauvres. Ils prennent des actions qui les aident à atteindre leurs objectifs financiers.

Voici quelques exemples de différences entre les riches et les pauvres en matière d'actions :

Les riches sont plus susceptibles de faire des investissements. Ils investissent leur argent dans des actifs qui ont le potentiel de générer des rendements élevés. Par exemple, ils peuvent investir dans des actions, des obligations, des biens immobiliers ou des startups.

Les riches sont plus susceptibles de se lancer dans de nouvelles opportunités. Ils ne craignent pas de prendre des risques pour atteindre leurs objectifs. Par exemple, ils peuvent créer leur propre entreprise, lancer un nouveau produit ou investir dans une nouvelle entreprise.

Les riches sont plus susceptibles de travailler dur. Ils consacrent du temps et des efforts pour atteindre leurs objectifs. Par exemple, ils peuvent travailler des heures supplémentaires, se former ou développer de nouvelles compétences.

Les riches sont plus susceptibles d'être disciplinés. Ils suivent leurs plans et leurs objectifs, même face aux obstacles. Par exemple, ils peuvent épargner régulièrement, investir leur argent de manière cohérente ou se conformer à leur budget.

Comment prendre plus d'actions

Il est possible de prendre plus d'actions. Voici quelques conseils :

Fixez-vous des objectifs clairs. Les objectifs clairs vous aideront à prendre des actions plus efficaces. Par exemple, vous pouvez vous fixer un objectif d'épargner 100 euros par mois ou de lancer votre propre entreprise dans les cinq ans.

Faites un plan d'action. Un plan d'action vous aidera à rester sur la bonne voie. Par exemple, vous pouvez créer un budget qui vous aidera à atteindre votre objectif d'épargne ou développer un plan d'affaires pour votre entreprise.

Soyez discipliné. Il est important de rester discipliné et de suivre votre plan. Par exemple, vous pouvez mettre en place un système automatique pour épargner ou vous fixer des dates limites pour atteindre vos objectifs.

Voici quelques exemples concrets de la façon dont les actions peuvent avoir un impact sur notre situation financière :

Une personne qui n'investit pas son argent aura moins de chances de faire fructifier son patrimoine. Par exemple, une personne qui a 10 000 euros à investir et qui les laisse sur un compte d'épargne gagnera environ 50 euros d'intérêts par an. Une personne qui investit ces mêmes 10 000 euros dans un fonds indiciel S&P 500 aura une chance sur deux de doubler son argent en 10 ans.

Une personne qui n'investit pas son argent aura moins de chances de faire fructifier son patrimoine. Par exemple, une personne qui a 10 000 euros à investir et qui les laisse sur un compte d'épargne gagnera environ 50 euros d'intérêts par an. Une personne qui investit ces mêmes 10 000 euros dans un fonds indiciel S&P 500 aura une chance sur deux de doubler son argent en 10 ans.

Une personne qui n'ose pas prendre de risques aura moins de chances de réaliser de grandes choses. Par exemple, une personne qui a l'opportunité d'investir dans une nouvelle entreprise, mais qui a peur de perdre son argent, ne réalisera pas le potentiel de cette entreprise.

Une personne qui ne travaille pas dur aura moins de chances de réussir dans sa carrière. Par exemple, une personne qui ne travaille pas les heures supplémentaires nécessaires pour obtenir une promotion aura moins de chances d'obtenir cette promotion.

Une personne qui n'est pas disciplinée aura plus de chances de dépenser plus d'argent qu'elle n'en gagne. Par exemple, une personne qui ne suit pas son budget aura plus de chances de dépenser de l'argent pour des choses dont elle n'a pas besoin.

Conclusion

Les actions sont un facteur important qui distingue les riches des pauvres. En prenant plus d'actions, nous pouvons augmenter nos chances de réussite financière.

Chapitre 4 : Comment devenir riche ?

Partie 1 : Les 5 étapes pour devenir riche

Introduction

Dans les chapitres précédents, nous avons vu que les croyances limitantes, l'éducation financière, les habitudes et les actions sont des facteurs importants qui distinguent les riches des pauvres. Dans ce chapitre, nous allons voir comment appliquer ces facteurs pour devenir riche.

Étape 1 : Surmontez vos croyances limitantes

Comme nous l'avons vu dans le chapitre 3, les croyances limitantes peuvent nous empêcher d'atteindre nos objectifs. La première étape pour devenir riche est donc de surmonter ces croyances.

Voici quelques exemples concrets de la façon dont les croyances limitantes peuvent nous empêcher de devenir riches :

Une personne qui croit qu'elle n'est pas assez intelligente pour réussir financièrement sera moins susceptible de prendre des risques ou de se lancer dans de nouvelles opportunités.

Par exemple, une personne qui croit qu'elle n'est pas assez intelligente pour investir dans des actions sera moins susceptible de le faire, même si c'est une stratégie d'investissement potentiellement rentable.

Une personne qui croit que l'argent ne fait pas le bonheur sera moins susceptible de se fixer des objectifs financiers ambitieux.

Par exemple, une personne qui croit que l'argent ne fait pas le bonheur sera moins susceptible de se fixer pour objectif d'être millionnaire, même si c'est un objectif qui lui tient à cœur.

Une personne qui croit qu'elle n'est pas faite pour être riche sera moins susceptible de croire en elle-même et en ses capacités.

Par exemple, une personne qui croit qu'elle n'est pas faite pour être riche sera moins susceptible de demander une augmentation ou de négocier un meilleur salaire, même si elle est en droit de le faire.

Voici quelques conseils supplémentaires pour surmonter vos croyances limitantes :

Identifiez vos croyances limitantes. La première étape est de reconnaître que vous avez des croyances limitantes. Vous pouvez faire cela en réfléchissant à vos pensées et à vos comportements.
Par exemple, si vous avez tendance à éviter les investissements à risque, cela peut être un signe que vous croyez que vous n'êtes pas assez intelligent pour réussir financièrement.

Mettez vos croyances à l'épreuve. Demandez-vous si vos croyances sont vraiment fondées sur des preuves. Si vous ne pouvez pas trouver de preuves pour soutenir vos croyances, il est probable qu'elles soient limitantes.
Par exemple, si vous croyez que vous n'êtes pas assez intelligent pour investir dans des actions, faites des recherches sur les investissements en actions et parlez à des personnes qui ont réussi dans ce domaine.

Remplacez vos croyances limitantes par des croyances positives. Concentrez-vous sur vos forces et vos capacités. Rappelez-vous que vous avez le potentiel d'atteindre vos objectifs financiers.
Par exemple, si vous croyez que vous n'êtes pas assez intelligent pour réussir financièrement, concentrez-vous sur vos compétences et votre expérience. Rappelez-vous que vous avez déjà réussi dans d'autres domaines de votre vie.

Entourez-vous de personnes positives. Les personnes qui vous entourent ont un impact sur vos croyances. Passez du temps avec des personnes qui croient en vous et en vos capacités.

Par exemple, si vous avez des amis ou des membres de la famille qui sont négatifs à propos de l'argent, passez moins de temps avec eux.

Conclusion

Surmonter vos croyances limitantes est une étape importante pour devenir riche. En vous libérant de ces croyances, vous serez plus susceptible de prendre des actions qui vous mèneront à la réussite financière.

Résumé des points principaux

Les croyances limitantes peuvent nous empêcher d'atteindre nos objectifs.

La première étape pour devenir riche est de surmonter ces croyances.

En identifiant, en mettant à l'épreuve et en remplaçant vos croyances limitantes par des croyances positives, vous pouvez augmenter vos chances de réussite financière.

Étape 2 : Éduquez-vous financièrement

Introduction

La deuxième étape pour devenir riche est de vous éduquer financièrement. En vous éduquant financièrement, vous comprendrez comment gérer votre argent et atteindre vos objectifs financiers.

L'importance de l'éducation financière

L'éducation financière est essentielle pour atteindre la richesse. En effet, les personnes qui ont une bonne éducation financière sont plus susceptibles de : Défendre leurs intérêts financiers.

Comment vous éduquer financièrement

Il existe de nombreuses façons de vous éduquer financièrement. Voici quelques conseils :

Lisez des livres et des articles sur la finance. Il existe de nombreuses ressources disponibles en ligne et dans les bibliothèques.
Prenez des cours de finance. De nombreuses universités et organisations offrent des cours de finance.

Demandez conseil à un professionnel. Un conseiller financier peut vous aider à développer un plan financier personnalisé.

Les sujets importants à couvrir

Voici quelques sujets importants à couvrir dans votre éducation financière :

Les bases de la finance personnelle. Cela inclut des sujets tels que le budget, l'épargne et l'investissement. Les différents types de comptes d'épargne et d'investissement.

Les sujets importants à couvrir

Voici quelques sujets importants à couvrir dans votre éducation financière :

- Les bases de la finance personnelle. Cela inclut des sujets tels que le budget, l'épargne et l'investissement.
- Les différents types de comptes d'épargne et d'investissement.
- Les risques et les rendements potentiels des différents types d'investissements.
- Les lois fiscales qui régissent les finances personnelles.

L'éducation financière est un investissement important pour votre avenir financier. En vous éduquant financièrement, vous pouvez augmenter vos chances de devenir riche.

Résumé des points principaux

L'éducation financière est essentielle pour atteindre la richesse.

Les personnes qui ont une bonne éducation financière sont plus susceptibles de gagner plus d'argent, d'épargner plus d'argent, d'investir leur argent de manière plus efficace, de réduire leurs dépenses et de défendre leurs intérêts financiers.

Il existe de nombreuses façons de vous éduquer financièrement, notamment en lisant des livres et des articles sur la finance, en prenant des cours de finance ou en demandant conseil à un professionnel.

Il est important de couvrir les bases de la finance personnelle, les différents types de comptes d'épargne et d'investissement, les risques et les rendements potentiels des différents types d'investissements et les lois fiscales qui régissent les finances personnelles.

Étape 3 : Adoptez des habitudes saines

Introduction

La troisième étape pour devenir riche est d'adopter des habitudes saines. Les habitudes saines peuvent vous aider à gagner plus d'argent et à le conserver.

L'importance des habitudes saines

Les habitudes saines sont importantes pour atteindre la richesse. En effet, les personnes qui ont des habitudes saines sont plus susceptibles de :

- Gagner plus d'argent.
- Épargner plus d'argent.
- Investir leur argent de manière plus efficace.
- Réduire leurs dépenses.

- Quels types d'habitudes adopter

Voici quelques types d'habitudes saines à adopter :

Épargnez régulièrement. Même un petit montant épargné chaque mois peut faire une grande différence à long terme.
Investissez votre argent. L'investissement est un moyen de faire fructifier votre argent.
Suivez votre budget. Cela vous aidera à rester sur la bonne voie et à éviter de dépenser plus d'argent que vous n'en gagnez.

Gagnez plus d'argent. Trouvez des moyens de gagner plus d'argent, par exemple en négociant une augmentation ou en trouvant un emploi secondaire.
Réduisez vos dépenses. Examinez vos dépenses et trouvez des moyens de les réduire.
Comment adopter des habitudes saines

Il n'est pas toujours facile d'adopter de nouvelles habitudes. Voici quelques conseils pour vous aider :

Commencez petit. Ne vous fixez pas des objectifs trop ambitieux au début. Commencez par de petits changements que vous pouvez tenir.

Soyez patient. Il faut du temps pour développer de nouvelles habitudes. Ne vous découragez pas si vous ne voyez pas de résultats immédiatement.

Faites-vous accompagner. Demander l'aide d'un ami, d'un membre de la famille ou d'un professionnel peut vous aider à rester motivé.

Conclusion

Adopter des habitudes saines est un investissement important pour votre avenir financier. En adoptant des habitudes saines, vous pouvez augmenter vos chances de devenir riche.

Résumé des points principaux

Les habitudes saines sont importantes pour atteindre la richesse.

Les personnes qui ont des habitudes saines sont plus susceptibles de gagner plus d'argent, d'épargner plus d'argent, d'investir leur argent de manière plus efficace, de réduire leurs dépenses et de trouver des moyens de gagner plus d'argent.

Il existe de nombreux types d'habitudes saines que vous pouvez adopter, notamment l'épargne, l'investissement, le suivi de votre budget, la recherche de moyens de gagner plus d'argent et la réduction de vos dépenses. Il n'est pas toujours facile d'adopter de nouvelles habitudes. Commencez petit, soyez patient et faites-vous accompagner.

Étape 4 : Prenez plus d'actions

Introduction

La quatrième étape pour devenir riche est de prendre plus d'actions. Cela signifie prendre des mesures pour atteindre vos objectifs financiers.

L'importance des actions

Les actions sont importantes pour atteindre la richesse. En effet, les personnes qui prennent plus d'actions sont plus susceptibles de :

- Gagner plus d'argent.
- Épargner plus d'argent.
- Investir leur argent de manière plus efficace.
- Réduire leurs dépenses.

Voici quelques conseils pour prendre plus d'actions :

Fixez-vous des objectifs clairs. Les objectifs clairs vous aideront à prendre des actions plus efficaces.

- Faites un plan d'action. Un plan d'action vous aidera à rester sur la bonne voie.
- Soyez discipliné. Il est important de rester discipliné et de suivre votre plan.

Voici quelques conseils supplémentaires pour prendre plus d'actions :

Commencez petit. Ne vous sentez pas obligé de prendre de grandes actions tout de suite. Commencez par des petites actions que vous pouvez tenir.
Soyez patient. Il faut du temps pour atteindre vos objectifs. Ne vous découragez pas si vous ne voyez pas de résultats immédiatement.

Faites-vous accompagner. Demander l'aide d'un ami, d'un membre de la famille ou d'un professionnel peut vous aider à rester motivé.

Conclusion

Prendre plus d'actions est un investissement important pour votre avenir financier. En prenant plus d'actions, vous pouvez augmenter vos chances de devenir riche.

Résumé des points principaux

Les actions sont importantes pour atteindre la richesse. Les personnes qui prennent plus d'actions sont plus susceptibles de gagner plus d'argent, d'épargner plus d'argent, d'investir leur argent de manière plus efficace et de réduire leurs dépenses.

Il existe de nombreux moyens de prendre plus d'actions, notamment en fixant des objectifs clairs, en faisant un plan d'action et en étant discipliné.
Il n'est pas toujours facile de prendre des actions.
Commencez petit, soyez patient et faites-vous accompagner.

Étape 5 : Soyez patient et persévérant

Introduction

La cinquième et dernière étape pour devenir riche est d'être patient et persévérant. Il faut du temps et des efforts pour atteindre la richesse.

L'importance de la patience et de la persévérance

La patience et la persévérance sont importantes pour atteindre la richesse. En effet, les personnes qui sont patientes et persévérantes sont plus susceptibles de :

Gagner plus d'argent.
Épargner plus d'argent.
Investir leur argent de manière plus efficace.
Réduire leurs dépenses.
Comment être patient et persévérant

Voici quelques conseils pour être patient et persévérant
:

- Fixez-vous des objectifs à long terme. Les objectifs à long terme vous aideront à rester motivé.

- Récompensez-vous pour vos progrès. Cela vous aidera à rester motivé et à ne pas abandonner.
- Ne vous comparez pas aux autres. Concentrez-vous sur votre propre parcours.

Conclusion

La patience et la persévérance sont des qualités essentielles pour atteindre la richesse. En étant patient et persévérant, vous pouvez augmenter vos chances de réussir financièrement.

Partie 2 : Concentrez-vous sur les objectifs SMART

Introduction

Dans la partie 1 de l'étape 4, nous avons vu l'importance de prendre plus d'actions pour devenir riche. Dans cette partie, nous allons voir comment se fixer des objectifs SMART peut vous aider à prendre plus d'actions.

L'importance des objectifs SMART

Les objectifs SMART sont des objectifs spécifiques, mesurables, atteignables, pertinents et temporels. Ils sont importants pour prendre plus d'actions parce qu'ils vous donnent une direction claire et vous aident à rester concentré.

Comment se fixer des objectifs SMART

Voici quelques conseils pour se fixer des objectifs SMART :

Soyez spécifique. Définissez votre objectif de manière précise et détaillée. Par exemple, un objectif SMART pour l'épargne serait "épargner 1 000 € d'ici la fin de l'année".

Soyez mesurable. Déterminez comment vous allez mesurer votre progrès. Par exemple, vous pouvez suivre votre épargne en utilisant un budget ou un tracker d'épargne.

Soyez atteignable. Fixez-vous des objectifs qui sont réalisables, mais qui vous poussent à vous dépasser. Si votre objectif est trop facile à atteindre, vous ne serez pas motivé à l'atteindre.

Soyez pertinent. Assurez-vous que vos objectifs sont importants pour vous et qu'ils sont liés à vos objectifs financiers.
Soyez temporel. Fixez une date limite pour atteindre votre objectif. Cela vous aidera à rester concentré et motivé.

Exemples d'objectifs SMART

Voici quelques exemples d'objectifs SMART :

Épargner 1 000 € d'ici la fin de l'année.
Payer votre prêt étudiant d'ici 5 ans.
Investir 10 % de votre salaire dans l'épargne-retraite.
Diminuer vos dépenses mensuelles de 20 %.
Gagner 5 000 € de plus par an.

Conclusion

Les objectifs SMART sont un excellent moyen de se fixer des objectifs qui sont plus susceptibles d'être atteints. En suivant les conseils ci-dessus, vous pouvez créer des objectifs SMART qui vous aideront à atteindre vos objectifs financiers.

Exemples concrets

Voici quelques exemples concrets d'objectifs SMART
que vous pouvez vous fixer pour devenir riche :

Épargner 10 % de votre salaire chaque mois.
Investir 20 % de votre épargne dans des actions.
Diminuer vos dépenses de 10 % chaque année.
Gagner une promotion dans votre travail.
Lancer votre propre entreprise.
Ces objectifs sont spécifiques, mesurables,
atteignables, pertinents et temporels. Ils vous aideront à
prendre plus d'actions pour atteindre vos objectifs
financiers.

Voici quelques conseils supplémentaires pour créer des
objectifs SMART pour devenir riche :

Réfléchissez à vos objectifs financiers à long terme.
Quels sont vos objectifs de retraite ? Voulez-vous
acheter une maison ? Voulez-vous voyager ?
Établissez des objectifs intermédiaires. Les objectifs
SMART doivent être réalisables, mais ils doivent
également vous pousser à vous dépasser.
Soyez flexible. Vos objectifs peuvent changer au fil du
temps. Soyez prêt à les adapter si nécessaire.

En suivant ces conseils, vous pouvez créer des objectifs
SMART qui vous aideront à atteindre vos objectifs
financiers et à devenir riche.

Partie 3 : Investir son argent

Introduction

Dans les parties précédentes de l'étape 4, nous avons vu l'importance de se fixer des objectifs SMART et de prendre plus d'actions pour devenir riche. Dans cette partie, nous allons voir comment investir son argent peut vous aider à atteindre vos objectifs financiers.

L'importance de l'investissement

L'investissement est un moyen important de faire fructifier votre argent et de devenir riche. En investissant votre argent, vous pouvez le faire croître au fil du temps, même si vous ne gagnez pas plus d'argent.

Les différents types d'investissements

Il existe de nombreux types d'investissements différents, chacun avec ses propres avantages et risques. Voici quelques exemples de types d'investissements :

Actions : Les actions sont des parts de propriété dans une entreprise. Lorsque vous investissez dans des actions, vous devenez propriétaire d'une partie de l'entreprise.

Obligations : Les obligations sont des prêts que vous faites à une entreprise ou à un gouvernement. En échange de votre prêt, vous recevez des intérêts.
Fonds communs de placement : Les fonds communs de placement sont un moyen de diversifier votre portefeuille d'investissements. Ils sont gérés par des professionnels qui investissent votre argent dans un portefeuille d'actions, d'obligations ou d'autres actifs.

Immobilier : L'immobilier est un investissement tangible qui peut générer des revenus locatifs ou une plus-value à la revente.
Comment investir

Avant d'investir, il est important de faire vos recherches et de comprendre les risques impliqués. Vous devez également déterminer votre tolérance au risque et vos objectifs d'investissement.

Voici quelques conseils pour investir :

Diversifiez votre portefeuille. Ne mettez pas tous vos œufs dans le même panier. En diversifiant votre portefeuille, vous réduirez votre risque.

Investissez pour le long terme. Le marché boursier est volatil à court terme, mais il a tendance à augmenter à long terme.

Soyez patient. Il faut du temps pour que vos investissements fructifient. Ne vous attendez pas à devenir riche du jour au lendemain.
Conclusion

L'investissement est un moyen important de faire fructifier votre argent et de devenir riche. En faisant vos recherches, en diversifiant votre portefeuille et en étant patient, vous pouvez augmenter vos chances de succès.

Voici quelques exemples concrets d'investissements que vous pouvez faire pour devenir riche :

Investir dans des actions d'entreprises prospères.
Investir dans des obligations de sociétés bien notées.
Investir dans des fonds communs de placement qui suivent des indices boursiers.

Acheter une propriété locative.
Ces investissements sont tous susceptibles de générer des rendements positifs à long terme.

Voici quelques conseils supplémentaires pour investir pour devenir riche :

Commencez tôt. Plus tôt vous commencez à investir, plus vous avez de temps pour que votre argent fructifie.
Investissez régulièrement. Investissez une somme d'argent fixe chaque mois, même si c'est un petit montant.
Faites-vous accompagner par un professionnel. Si vous n'êtes pas sûr de comment investir, faites-vous accompagner par un professionnel.

Partie 4 : Vivre frugalement

Introduction

Dans les parties précédentes de l'étape 4, nous avons vu l'importance de se fixer des objectifs SMART, de prendre plus d'actions et d'investir son argent pour devenir riche. Dans cette partie, nous allons voir comment vivre frugalement peut vous aider à atteindre vos objectifs financiers.

L'importance de vivre frugalement

Vivre frugalement signifie vivre avec moins d'argent. Cela peut être un moyen efficace d'économiser de l'argent et d'atteindre vos objectifs financiers.

Les avantages de vivre frugalement

Vivre frugalement présente de nombreux avantages, notamment :

Vous pouvez économiser de l'argent pour vos objectifs financiers.

Vous pouvez réduire votre stress financier.
Vous pouvez avoir plus de temps libre pour les choses que vous aimez.
Vous pouvez avoir un impact positif sur l'environnement.
Comment vivre frugalement

Voici quelques conseils pour vivre frugalement :

Faites un budget et suivez-le.
Économisez de l'argent chaque mois.
Réduisez vos dépenses inutiles.
Cuisinez à la maison.
Prenez les transports en commun ou faites du vélo.
Réparez les choses plutôt que de les remplacer.
Conclusion
Vivre frugalement n'est pas un sacrifice. C'est un moyen de vivre une vie plus simple et plus satisfaisante. En suivant ces conseils, vous pouvez réduire vos dépenses et atteindre vos objectifs financiers plus rapidement.

Exemples concrets

Voici quelques exemples concrets de choses que vous
pouvez faire pour vivre frugalement :
Cuisinez à la maison plutôt que de manger au
restaurant.
Faites vos propres courses plutôt que de commander en
ligne.
Réparez vos vêtements plutôt que de les jeter.
Faites du bricolage ou appelez un ami pour vous aider à
faire des réparations à la maison.

Éteignez les lumières et les appareils électriques
lorsque vous ne les utilisez pas.
Faites du compostage pour réduire vos déchets.
Ces changements peuvent vous aider à économiser de
l'argent et à vivre une vie plus durable.

Voici quelques conseils supplémentaires pour vivre
frugalement :
Commencez petit. N'essayez pas de changer trop de
choses à la fois. Commencez par quelques
changements simples et ajoutez-en d'autres au fur et à
mesure.
Faites des compromis. Vous n'avez pas à renoncer à
tout ce que vous aimez pour vivre frugalement. Faites
des compromis pour trouver un équilibre entre vos
besoins et votre budget.

Soyez patient. Il faut du temps pour changer vos habitudes. Soyez patient et ne vous découragez pas si vous faites des erreurs.

Partie 5 : Se constituer un patrimoine

Introduction

Dans les parties précédentes de l'étape 4, nous avons vu l'importance de se fixer des objectifs SMART, de prendre plus d'actions, d'investir son argent et de vivre frugalement pour devenir riche. Dans cette partie, nous allons voir comment se constituer un patrimoine peut vous aider à atteindre vos objectifs financiers.

L'importance d'un patrimoine

Un patrimoine est un ensemble d'actifs que vous possédez, tels que des biens immobiliers, des actions, des obligations, des placements et des liquidités. Un patrimoine vous donne une sécurité financière et vous permet de vivre une vie plus confortable.

Un patrimoine présente de nombreux avantages, notamment :

Il vous donne une sécurité financière. En cas de perte d'emploi ou de maladie, votre patrimoine peut vous aider à subvenir à vos besoins.

Il vous permet de vivre une vie plus confortable. Votre patrimoine peut vous permettre de voyager, de prendre votre retraite plus tôt ou de simplement profiter de la vie. Il peut être transmis à vos enfants. Votre patrimoine peut aider à assurer l'avenir de vos enfants.

Comment se constituer un patrimoine

Il existe de nombreuses façons de se constituer un patrimoine. Voici quelques conseils :

Démarrez tôt. Plus tôt vous commencez à épargner et à investir, plus vous avez de temps pour que votre argent fructifie.

Épargnez régulièrement. Même si vous ne pouvez épargner qu'une petite somme chaque mois, cela fera une différence à long terme.

Investissez intelligemment. Faites vos recherches et investissez dans des actifs qui ont le potentiel de générer des rendements élevés.
Vivez frugalement. Plus vous dépensez, plus il vous faudra d'argent pour atteindre vos objectifs financiers.

Conclusion

Se constituer un patrimoine est un objectif important pour toute personne qui souhaite devenir riche. En suivant les conseils ci-dessus, vous pouvez augmenter vos chances de réussir.

Voici quelques exemples concrets de choses que vous pouvez faire pour vous constituer un patrimoine :

Épargnez pour un acompte sur une maison.
Investissez dans des actions ou des obligations.
Acheter une propriété locative.
Lancez votre propre entreprise.
Conseils supplémentaires

Faites un plan. Avant de commencer à épargner et à investir, déterminez vos objectifs et faites un plan pour les atteindre.
Faites-vous accompagner par un professionnel. Si vous n'êtes pas sûr de comment vous constituer un

patrimoine, faites-vous accompagner par un professionnel.

Les pauvres travaillent pour de l'argent, les riches font de l'argent travailler pour eux.

Un patrimoine est un actif qui vous permet de gagner de l'argent pendant que vous dormez.

La meilleure façon de devenir riche est de posséder des actifs qui génèrent des flux de trésorerie.

Investissez dans des actifs qui ont le potentiel de générer des rendements élevés.

Ne laissez pas la peur vous empêcher de prendre des risques.

Soyez patient et persistant.

En suivant ces conseils, vous pouvez vous constituer un patrimoine et devenir riche.

Chapitre 5 : Créer une entreprise rentable

Partie 1 : Le choix de l'activité

Introduction

Dans le chapitre précédent, nous avons vu que la meilleure façon de devenir riche est de posséder des actifs qui génèrent des flux de trésorerie. Une entreprise peut être un excellent moyen de créer de tels actifs.

Dans cette partie, nous allons voir comment choisir une activité rentable pour votre entreprise.

Les facteurs à prendre en compte

Il existe de nombreux facteurs à prendre en compte lors du choix d'une activité pour votre entreprise. Voici quelques-uns des plus importants :

Vos intérêts et vos compétences. Choisissez une activité que vous aimez et dans laquelle vous êtes doué.

La demande. Assurez-vous qu'il existe une demande pour le produit ou le service que vous proposez.

La concurrence. Étudiez la concurrence pour voir si vous pouvez vous démarquer.

Le potentiel de croissance. Choisissez une activité qui a le potentiel de croître et de générer des profits importants.

Les étapes à suivre

Voici les étapes à suivre pour choisir une activité rentable pour votre entreprise :

Faites une liste de vos intérêts et de vos compétences.

Réalisez une étude de marché pour identifier les besoins des consommateurs.

Étudiez la concurrence pour voir ce que font les autres entreprises.

Faites des recherches sur le potentiel de croissance de l'industrie.

Choisissez une activité qui répond à vos critères.

Ne vous laissez pas intimider par la concurrence. Même si vous entrez sur un marché déjà saturé, vous pouvez réussir si vous proposez un produit ou un service unique.

Soyez prêt à prendre des risques. Toute entreprise comporte des risques, mais si vous êtes prêt à prendre des risques, vous pouvez en tirer de grands profits.

Les pauvres travaillent pour de l'argent, les riches font de l'argent travailler pour eux.

Une entreprise est un moyen de faire de l'argent travailler pour vous.

Pour choisir une activité rentable pour votre entreprise, vous devez tenir compte de vos intérêts, de vos compétences, de la demande, de la concurrence et du potentiel de croissance.

N'ayez pas peur de prendre des risques.

Si vous êtes prêt à travailler dur et à prendre des risques, vous pouvez réussir dans votre entreprise.

Partie 2 : Le marché cible

Introduction

Dans la partie précédente, nous avons vu comment choisir une activité rentable pour votre entreprise. Dans cette partie, nous allons voir comment identifier votre marché cible.

Qu'est-ce qu'un marché cible ?

Un marché cible est un groupe de personnes qui sont susceptibles d'être intéressées par vos produits ou services. Il est important d'identifier votre marché cible afin de pouvoir adapter votre stratégie marketing et commerciale à leurs besoins et leurs attentes.

Les pauvres vendent à tout le monde, les riches vendent à un petit groupe de personnes.

Si vous voulez réussir dans les affaires, vous devez trouver un groupe de personnes qui sont prêtes à payer pour vos produits ou services.

Votre marché cible doit être suffisamment grand pour être rentable, mais suffisamment petit pour que vous puissiez le cibler efficacement.

Pour identifier votre marché cible, vous devez faire vos recherches et comprendre les besoins et les motivations de votre public.

Vous pouvez utiliser des études de marché, des sondages ou simplement parler aux gens pour collecter des données.

Une fois que vous avez identifié votre marché cible, vous pouvez adapter votre stratégie marketing et commerciale pour répondre à leurs besoins.

Conclusion

L'identification de votre marché cible est une étape importante dans la création d'une entreprise rentable. En suivant les conseils ci-dessus, vous pouvez augmenter vos chances de trouver un marché qui est prêt à acheter vos produits ou services.

L'importance de cibler un marché spécifique

Cibler un marché spécifique est important pour plusieurs raisons.

- Cela vous permet d'adapter votre stratégie marketing et commerciale aux besoins et aux attentes de votre public.
- Cela vous permet de mieux comprendre les besoins de votre marché cible et de développer des produits ou services qui répondent à ces besoins.
- Cela vous permet de vous concentrer vos efforts sur un groupe de personnes qui sont plus susceptibles d'être intéressées par vos produits ou services.

Comment identifier votre marché cible

Il existe de nombreuses façons d'identifier votre marché cible. Voici quelques conseils :

- Faites vos recherches. Collectez des données sur les personnes qui pourraient être intéressées par vos produits ou services. Vous pouvez utiliser des études de marché, des sondages ou simplement parler aux gens.
- Identifiez vos clients idéaux.Imaginez la personne idéale qui achèterait vos produits ou services. Quelle est son âge ? Son sexe ? Son revenu ? Ses intérêts ?
- Définir votre persona.** Un persona est un portrait fictif de votre client idéal. Il vous aidera à mieux comprendre les besoins et les motivations de votre marché cible.

Voici quelques exemples de marchés cibles :

- Un fabricant de chaussures pour femmes ciblerait les femmes âgées de 18 à 45 ans qui s'intéressent à la mode.
- Un restaurateur ciblerait les personnes qui vivent dans un rayon de 5 kilomètres de son restaurant.
- Un service de streaming ciblerait les personnes qui aiment regarder des films et des séries télévisées.

Faites vos recherches sur vos concurrents. Découvrez qui sont leurs clients et comment ils les ciblent.

Soyez flexible.Votre marché cible peut évoluer au fil du temps. Soyez prêt à adapter votre stratégie en fonction des changements.
Testez vos hypothèses. Ne présumez pas que vous savez qui est votre marché cible. Testez vos hypothèses en fonction des données que vous collectez.

En suivant ces conseils, vous pouvez identifier votre marché cible et augmenter vos chances de réussite.

Partie 3 : Le modèle économique

Introduction

Dans les parties précédentes, nous avons vu comment choisir une activité rentable pour votre entreprise et comment identifier votre marché cible. Dans cette partie, nous allons voir comment créer un modèle économique pour votre entreprise.

Qu'est-ce qu'un modèle économique ?

Un modèle économique est un plan qui décrit comment votre entreprise va générer des revenus. Il définit les produits ou services que vous allez vendre, le prix que vous allez les vendre, et la manière dont vous allez atteindre votre marché cible.

"Les pauvres travaillent pour de l'argent, les riches font de l'argent travailler pour eux."

"Pour réussir dans les affaires, vous devez avoir un modèle économique qui fonctionne."

"Votre modèle économique doit être rentable, durable et évolutif."

Rentabilité

Votre modèle économique doit être rentable.Cela signifie que vous devez générer suffisamment de revenus pour couvrir vos coûts et dégager des bénéfices.

Durabilité

Votre modèle économique doit être durable.Cela signifie qu'il doit être capable de générer des revenus sur le long terme, même en cas de changements dans le marché ou l'environnement.

Évolutivité

Votre modèle économique doit être évolutif. Cela signifie qu'il doit être capable de s'adapter aux changements du marché ou de l'environnement.

Comment créer un modèle économique

Il existe de nombreuses façons de créer un modèle économique. Voici quelques conseils :

- Commencez par identifier vos produits ou services.Que vendez-vous ? Quels sont les avantages de vos produits ou services ?
- Déterminez votre prix. Combien allez-vous vendre vos produits ou services ?
- Développez votre stratégie de marketing. Comment allez-vous atteindre votre marché cible ?

Voici quelques exemples de modèles économiques :

- Un modèle de vente au détail consiste à vendre des produits ou services directement aux consommateurs. Par exemple, une boutique de vêtements vend des vêtements directement aux clients.

- Un modèle de vente en gros consiste à vendre des produits ou services à d'autres entreprises. Par exemple, un grossiste en fruits et légumes vend des fruits et légumes à des supermarchés.
- *Un modèle de services consiste à fournir des services aux clients. Par exemple, un cabinet d'avocats fournit des services juridiques à ses clients.

Faites vos recherches. Avant de créer votre modèle économique, faites des recherches sur votre marché cible et les autres entreprises qui proposent des produits ou services similaires.

Soyez flexible. Votre modèle économique peut évoluer au fil du temps. Soyez prêt à l'adapter en fonction des changements.

Testez votre modèle. Une fois que vous avez créé votre modèle économique, testez-le sur un petit marché pour voir s'il fonctionne.

Conclusion

Un modèle économique est un élément essentiel de toute entreprise. En suivant les conseils ci-dessus, vous pouvez créer un modèle économique qui vous aidera à réussir dans les affaires.

Voici quelques exemples supplémentaires de modèles économiques :

- Un modèle d'abonnement consiste à facturer des frais récurrents aux clients pour accéder à un produit ou service. Par exemple, un service de streaming vidéo facture un abonnement mensuel pour permettre aux clients de regarder des films et des séries télévisées.
- Un modèle de freemium consiste à offrir une version gratuite de votre produit ou service avec des fonctionnalités limitées. Les utilisateurs peuvent ensuite payer pour accéder à des fonctionnalités supplémentaires. Par exemple, un jeu vidéo peut être offert gratuitement avec des achats intégrés pour débloquer des niveaux ou des personnages supplémentaires.

Partie 4 : Le marketing

Introduction

Dans les parties précédentes, nous avons vu comment choisir une activité rentable pour votre entreprise, identifier votre marché cible et créer un modèle économique. Dans cette partie, nous allons voir comment développer une stratégie de marketing pour votre entreprise.

Qu'est-ce que le marketing ?

Le marketing est l'ensemble des actions entreprises pour faire connaître un produit ou un service et le rendre attractif pour les consommateurs. Il s'agit de créer une demande pour vos produits ou services et de convaincre les gens de les acheter.

"Votre stratégie de marketing doit être efficace pour atteindre votre marché cible et générer des ventes." _ *Robert Kiyosaki.*

Les objectifs du marketing

Les objectifs du marketing sont les suivants :

- Faire connaître votre produit ou service.
- Créer une demande pour votre produit ou service.
- Convaincre les gens d'acheter votre produit ou service.

Les canaux de marketing

Il existe de nombreux canaux de marketing que vous pouvez utiliser pour atteindre votre marché cible. Voici quelques exemples :

- **La publicité**. La publicité est un moyen de payer pour que votre produit ou service soit vu ou entendu par les gens. Elle peut prendre de nombreuses formes, telles que la télévision, la radio, les journaux, les magazines, les panneaux d'affichage, les publicités en ligne, etc.
- **Le marketing direct**. Le marketing direct est un moyen de communiquer directement avec les clients potentiels, par exemple par e-mail, téléphone ou courrier postal. Il peut être utilisé pour envoyer des offres spéciales, des informations sur des produits ou services, ou simplement pour rester en contact avec les clients.
- **Le marketing sur les réseaux sociaux**. Le marketing sur les réseaux sociaux est un moyen de communiquer avec les clients potentiels sur les réseaux sociaux, tels que Facebook, Twitter et Instagram. Il peut être utilisé pour partager des informations sur votre entreprise, interagir avec les clients et générer des leads.
- **Le marketing de contenu**. Le marketing de contenu est un moyen de créer et de partager du contenu utile et informatif pour votre marché

cible. Il peut prendre de nombreuses formes, telles que des articles de blog, des vidéos, des infographies, etc.

Comment développer une stratégie de marketing

Pour développer une stratégie de marketing efficace, vous devez suivre ces étapes

1. Définissez vos objectifs marketing. Que voulez-vous que votre stratégie de marketing accomplisse ? Voulez-vous augmenter la notoriété de votre marque, générer des leads ou générer des ventes ?
2. Identifiez votre marché cible. Qui sont les personnes que vous souhaitez atteindre avec votre stratégie de marketing ? Quels sont leurs besoins et leurs intérêts ?
3. Choisissez vos canaux de marketing. Quels canaux de marketing sont les plus susceptibles d'atteindre votre marché cible ?
4. Créez votre message marketing. Que voulez-vous dire à votre marché cible ? Quel message voulez-vous que votre marque véhicule ?
5. Mesurez vos résultats. Comment allez-vous savoir si votre stratégie de marketing fonctionne ?

Conclusion

Une stratégie de marketing efficace est essentielle pour toute entreprise qui souhaite réussir. En suivant les conseils ci-dessus, vous pouvez créer une stratégie de marketing qui vous aidera à atteindre vos objectifs et à générer des ventes.

Chapitre 6 : Investir son argent

Partie 1 : Pourquoi investir ?

Introduction

Dans le chapitre précédent, nous avons vu comment créer une entreprise rentable. Dans ce chapitre, nous allons voir comment investir votre argent pour le faire fructifier.

Pourquoi investir ?

Il y a plusieurs raisons d'investir votre argent. Voici quelques-unes d'entre elles :

- Pour faire fructifier votre argent. L'investissement est un moyen de faire croître votre argent au fil du temps. En investissant, vous pouvez faire en sorte que votre argent travaille pour vous, au lieu de le laisser stagner sur votre compte bancaire.
- Pour atteindre vos objectifs financiers. L'investissement peut vous aider à atteindre vos objectifs financiers, tels que l'achat d'une maison, la retraite ou l'éducation de vos enfants.

En investissant, vous pouvez vous constituer un patrimoine qui vous permettra de réaliser vos projets.

- Pour diversifier votre portefeuille. L'investissement vous permet de diversifier votre portefeuille et de réduire votre risque. En investissant dans différents types d'actifs, vous pouvez répartir votre risque et protéger votre capital.

Les différents types d'investissement

Il existe de nombreux types d'investissement. Voici quelques-uns des plus courants :

- L'investissement boursier. L'investissement boursier consiste à acheter des actions d'entreprises. Les actions sont des parts de propriété d'une entreprise. Lorsque vous achetez des actions, vous devenez un petit actionnaire de l'entreprise.
- L'investissement immobilier. L'investissement immobilier consiste à acheter des propriétés et à les louer ou à les vendre pour réaliser un profit. Les propriétés peuvent être des maisons, des appartements, des bureaux, des commerces, etc.
- L'investissement dans des produits de placement. Les produits de placement sont des

produits financiers qui offrent une rémunération potentielle. Les produits de placement peuvent être des fonds communs de placement, des obligations, des contrats d'assurance-vie, etc.

- L'investissement dans des actifs tangibles. Les actifs tangibles sont des actifs physiques, tels que des bijoux, des œuvres d'art ou des voitures. Les actifs tangibles peuvent être un bon investissement, mais ils sont également sujets à la volatilité des marchés.

Comment choisir un investissement

Lorsque vous choisissez un investissement, vous devez tenir compte de plusieurs facteurs, tels que votre objectif d'investissement, votre horizon temporel et votre tolérance au risque.

Votre objectif d'investissement

Votre objectif d'investissement déterminera le type d'investissement qui vous convient le mieux. Si vous souhaitez faire fructifier votre argent à long terme, vous pouvez investir dans des actions ou des produits de placement. Si vous souhaitez acheter une maison ou prendre votre retraite dans un avenir proche, vous pouvez investir dans l'immobilier ou des actifs tangibles.

Votre horizon temporel

Votre horizon temporel est la durée pendant laquelle vous êtes prêt à laisser votre argent investi. Si vous avez un horizon temporel long, vous pouvez prendre plus de risques avec vos investissements. Si vous avez un horizon temporel court, vous devez choisir des investissements plus sûrs.

Votre tolérance au risque

Votre tolérance au risque est le niveau de risque que vous êtes prêt à accepter avec vos investissements. Si vous êtes averse au risque, vous devez choisir des investissements plus sûrs. Si vous êtes prêt à prendre des risques, vous pouvez investir dans des actions ou des produits de placement plus risqués.

Investissement boursier

- Investir dans des actions d'entreprises solides et en croissance. Par exemple, vous pouvez investir dans des actions d'entreprises technologiques, de biotechnologie ou de santé.
- Investir dans des fonds communs de placement. Les fonds communs de placement sont un moyen facile d'investir dans un portefeuille diversifié d'actions.

Investissement immobilier

- Acheter une propriété à louer. C'est un moyen sûr de générer des revenus passifs.
- Acheter une propriété pour la revendre. C'est un moyen de réaliser un profit en spéculant sur l'augmentation de la valeur de la propriété.

Investissement dans des produits de placement

- Investir dans des obligations. Les obligations sont des prêts que vous faites à une entreprise ou à un gouvernement. Elles offrent un rendement plus faible que les actions, mais elles sont également moins risquée.

Conclusion

L'investissement est un outil puissant qui peut vous aider à faire fructifier votre argent et à atteindre vos objectifs financiers. En suivant les conseils ci-dessus, vous pouvez commencer à investir dès aujourd'hui.

"L'investissement est un moyen de faire de l'argent travailler pour vous."

"En investissant, vous pouvez transformer votre argent en un actif qui vous rapportera de l'argent au fil du temps."

Mais attention, investir comporte des risques.Vous pouvez perdre de l'argent si vous investissez dans le mauvais actif ou au mauvais moment.C'est pourquoi il est important de faire vos recherches avant d'investir. Et il est toujours préférable de commencer petit et d'augmenter vos investissements au fur et à mesure que vous en apprenez davantage.Mais si vous êtes prêt à prendre des risques et à travailler dur, l'investissement peut être un moyen puissant de créer votre richesse.

Partie 2 : Les différents types d'investissement

Introduction

Dans la partie précédente, nous avons vu pourquoi il est important d'investir votre argent. Dans cette partie, nous allons voir les différents types d'investissement disponibles.

Les différents types d'investissement

Il existe de nombreux types d'investissement, chacun avec ses propres avantages et inconvénients. Voici quelques-uns des types d'investissement les plus courants :

- L'investissement boursier

L'investissement boursier consiste à acheter des actions d'entreprises. Les actions sont des parts de propriété d'une entreprise. Lorsque vous achetez des actions, vous devenez un petit actionnaire de l'entreprise.

Avantages :

* Potentiel de rendement élevé
* Possibilité de diversification
* Liquidité

Inconvénients :

* Risque de perte
* Complexité

- L'investissement immobilier

L'investissement immobilier consiste à acheter des propriétés et à les louer ou à les vendre pour réaliser un profit. Les propriétés peuvent être des maisons, des appartements, des bureaux, des commerces, etc.

Avantages :

* Potentiel de rendement élevé

* Possibilité de diversification
* Protection contre l'inflation

Inconvénients :

* Risque de perte
* Nécessite un apport de capital important
* Complexité

- L'investissement dans des produits de placement

Les produits de placement sont des produits financiers qui offrent une rémunération potentielle. Les produits de placement peuvent être des fonds communs de placement, des obligations, des contrats d'assurance-vie, etc.

Avantages :

* Diversification
* Liquidité
* Gestion par des professionnels

Inconvénients :

* Risque de perte
* Coûts de gestion

- L'investissement dans des actifs tangibles

Les actifs tangibles sont des actifs physiques, tels que des bijoux, des œuvres d'art ou des voitures. Les actifs tangibles peuvent être un bon investissement, mais ils sont également sujets à la volatilité des marchés.

Avantages :

* Possibilité de stockage
* Protection contre l'inflation

Inconvénients :

* Risque de perte
* Nécessite un entretien

Comment choisir un type d'investissement

Lorsque vous choisissez un type d'investissement, vous devez tenir compte de plusieurs facteurs, tels que votre objectif d'investissement, votre horizon temporel et votre tolérance au risque.

Votre objectif d'investissement

Votre objectif d'investissement déterminera le type d'investissement qui vous convient le mieux. Si vous souhaitez faire fructifier votre argent à long terme, vous pouvez investir dans des actions ou des produits de placement. Si vous souhaitez acheter une maison ou prendre votre retraite dans un avenir proche, vous pouvez investir dans l'immobilier ou des actifs tangibles.

Votre horizon temporel

Votre horizon temporel est la durée pendant laquelle vous êtes prêt à laisser votre argent investi. Si vous avez un horizon temporel long, vous pouvez prendre plus de risques avec vos investissements. Si vous avez un horizon temporel court, vous devez choisir des investissements plus sûrs.

Votre tolérance au risque

Votre tolérance au risque est le niveau de risque que vous êtes prêt à accepter avec vos investissements. Si vous êtes averse au risque, vous devez choisir des investissements plus sûrs. Si vous êtes prêt à prendre des risques, vous pouvez investir dans des actions ou des produits de placement plus risqués.

Faites vos recherches.Avant d'investir dans quoi que ce soit, prenez le temps de faire vos recherches et de comprendre les risques encourus.
Diversifiez votre portefeuille. Ne mettez pas tous vos œufs dans le même panier. En diversifiant votre portefeuille, vous pouvez réduire votre risque.
Soyez patient. L'investissement est un jeu à long terme. Ne vous attendez pas à devenir riche du jour au lendemain.

Conclusion

Il existe de nombreux types d'investissement disponibles, chacun avec ses propres avantages et inconvénients. En choisissant le type d'investissement qui vous convient le mieux, vous pouvez augmenter vos chances de succès.

Partie 3 : L'immobilier

Introduction

Dans les parties précédentes, nous avons vu pourquoi il est important d'investir votre argent et les différents types d'investissement disponibles. Dans cette partie, nous allons nous concentrer sur l'investissement immobilier.

L'investissement immobilier

L'investissement immobilier consiste à acheter des propriétés et à les louer ou à les vendre pour réaliser un profit. Les propriétés peuvent être des maisons, des appartements, des bureaux, des commerces, etc.

Avantages de l'investissement immobilier

L'investissement immobilier présente de nombreux avantages, notamment :

- Potentiel de rendement élevé : L'immobilier peut être un investissement très rentable, avec un potentiel de rendement annuel de 5 à 10 %.
- Possibilité de diversification : L'immobilier est un actif tangible qui peut être diversifié dans différentes régions, secteurs et types de propriétés.
- Protection contre l'inflation : L'immobilier tend à augmenter en valeur au fil du temps, ce qui peut protéger votre patrimoine contre l'inflation.

Inconvénients de l'investissement immobilier

L'investissement immobilier présente également quelques inconvénients, notamment :

- Risque de perte: L'immobilier est un investissement risqué, car la valeur des propriétés peut fluctuer.
- Nécessite un apport de capital important : L'investissement immobilier nécessite généralement un apport de capital important.

- Complexité : L'investissement immobilier peut être complexe, car il nécessite une bonne compréhension du marché et des lois et réglementations applicables.

Types d'investissement immobilier

Il existe de nombreux types d'investissement immobilier, notamment :

- Investissement locatif : L'investisseur achète une propriété et la loue à des locataires.
- Investissement en immobilier locatif commercial : L'investisseur achète une propriété commerciale et la loue à des entreprises ou des organisations.
- Investissement en immobilier résidentiel : L'investisseur achète une propriété résidentielle et la rénove ou la revend.
- Investissement en immobilier de développement: L'investisseur achète un terrain et y construit une nouvelle propriété.

Comment investir dans l'immobilier

Il existe plusieurs façons d'investir dans l'immobilier, notamment :

- Investissement direct : L'investisseur achète une propriété à titre personnel.
- Investissement indirect : L'investisseur investit dans un fonds d'investissement immobilier (FII).
- Investissement en immobilier locatif social : L'investisseur loue sa propriété à des personnes à faibles revenus.

Voici quelques conseils pour investir dans l'immobilier :

- Faites vos recherches : Avant d'investir dans une propriété, prenez le temps de faire vos recherches et de comprendre le marché immobilier.
- Diversifiez votre portefeuille : Ne mettez pas tous vos œufs dans le même panier. En diversifiant votre portefeuille, vous pouvez réduire votre risque.
- Soyez patient: L'investissement immobilier est un jeu à long terme. Ne vous attendez pas à devenir riche du jour au lendemain.

Conclusion

L'investissement immobilier peut être un excellent moyen de faire fructifier votre argent et de créer votre richesse. Cependant, il est important de comprendre les risques et les avantages de l'investissement immobilier avant de vous lancer.

Partie 4 : Les actions

Introduction

Dans les parties précédentes, nous avons vu pourquoi il est important d'investir votre argent, les différents types d'investissement disponibles et l'investissement immobilier. Dans cette partie, nous allons nous concentrer sur l'investissement en actions.

Les actions

Les actions sont des parts de propriété d'une entreprise. Lorsque vous achetez des actions, vous devenez un petit actionnaire de l'entreprise.

Avantages de l'investissement en actions

L'investissement en actions présente de nombreux avantages, notamment :

- Potentiel de rendement élevé: Les actions peuvent être un investissement très rentable, avec un potentiel de rendement annuel de 10 à 20 %.

- Possibilité de diversification: Les actions peuvent être diversifiées dans différentes industries, secteurs et pays.
- Liquidité: Les actions peuvent être facilement vendues sur le marché boursier.

Inconvénients de l'investissement en actions

L'investissement en actions présente également quelques inconvénients, notamment :

- Risque de perte: Les actions sont un investissement risqué, car la valeur des actions peut fluctuer.
- Complexité: L'investissement en actions peut être complexe, car il nécessite une bonne compréhension du marché boursier.

Comment investir en actions

Il existe plusieurs façons d'investir en actions, notamment :

- Investissement direct: L'investisseur achète des actions individuelles d'entreprises.
- Investissement indirect: L'investisseur investit dans un fonds commun de placement en actions (FCP).
- Investissement en options: L'investisseur achète des options sur des actions, ce qui lui donne le droit d'acheter ou de vendre des actions à un prix prédéterminé.
- Investissement en CFD: L'investisseur négocie des CFD sur des actions, ce qui lui permet de spéculer sur la hausse ou la baisse du cours des actions.

Voici quelques conseils pour investir en actions :

- Faites vos recherches: Avant d'investir dans une action, prenez le temps de faire vos recherches et de comprendre l'entreprise.
- Diversifiez votre portefeuille: Ne mettez pas tous vos œufs dans le même panier. En diversifiant votre portefeuille, vous pouvez réduire votre risque.

- Soyez patient: L'investissement en actions est un jeu à long terme. Ne vous attendez pas à devenir riche du jour au lendemain.

Conclusion

L'investissement en actions peut être un excellent moyen de faire fructifier votre argent et de créer votre richesse. Cependant, il est important de comprendre les risques et les avantages de l'investissement en actions avant de vous lancer.

"Les actions sont un moyen de faire de l'argent travailler pour vous."

*"En investissant dans des actions, vous pouvez profiter de la croissance des entreprises."*_Robert Kiyosaki

Mais attention, investir en actions comporte des risques. Les actions peuvent perdre de la valeur.C'est pourquoi il est important de faire vos recherches et de comprendre les risques avant d'investir. Si vous êtes prêt à prendre des risques et à travailler dur, l'investissement en actions peut être un moyen puissant de créer votre richesse.

Partie 5 : Les obligations

Introduction

Dans les parties précédentes, nous avons vu pourquoi il est important d'investir votre argent, les différents types d'investissement disponibles, l'investissement immobilier et l'investissement en actions. Dans cette partie, nous allons nous concentrer sur l'investissement en obligations.

Les obligations

Les obligations sont des prêts que vous faites à une entreprise ou à un gouvernement. En échange de votre prêt, l'entreprise ou le gouvernement vous versera un intérêt pendant une période donnée, puis vous remboursera le montant initial de votre prêt à la date d'échéance.

Avantages des obligations

L'investissement en obligations présente de nombreux avantages, notamment :

- Risque de perte limité: Les obligations sont un investissement moins risqué que les actions, car la valeur des obligations est moins volatile.
- Rendement régulier: Les obligations versent un intérêt régulier, ce qui peut vous fournir un revenu passif.
- Liquidité: Les obligations peuvent être facilement vendues sur le marché secondaire.

Inconvénients des obligations

L'investissement en obligations présente également quelques inconvénients, notamment :

- Rendement inférieur: Les obligations offrent généralement un rendement inférieur aux actions.
- Perte de capital: La valeur des obligations peut baisser, ce qui peut entraîner une perte de capital.

Types d'obligations

Il existe de nombreux types d'obligations, notamment :

- Obligations d'État: Les obligations d'État sont des obligations émises par les gouvernements. Elles sont considérées comme les obligations les plus sûres.
- Obligations d'entreprises: Les obligations d'entreprises sont des obligations émises par

des entreprises. Elles sont plus risquées que les obligations d'État, mais elles offrent généralement un rendement plus élevé.

- Obligations à court terme: Les obligations à court terme ont une durée de vie de moins de cinq ans.
- Obligations à moyen terme: Les obligations à moyen terme ont une durée de vie de cinq à dix ans.
- Obligations à long terme: Les obligations à long terme ont une durée de vie de plus de dix ans.

Comment investir en obligations

Il existe plusieurs façons d'investir en obligations, notamment :

- Investissement direct: L'investisseur achète des obligations individuelles.
- Investissement indirect: L'investisseur investit dans un fonds commun de placement obligataire (FCP).
- Investissement en contrats d'assurance-vie: Les contrats d'assurance-vie peuvent inclure des obligations dans leur portefeuille.

Voici quelques conseils pour investir en obligations :

- Faites vos recherches : Avant d'investir dans une obligation, prenez le temps de faire vos recherches et de comprendre l'entreprise ou le gouvernement qui l'a émise.

- Diversifiez votre portefeuille: Ne mettez pas tous vos œufs dans le même panier. En diversifiant votre portefeuille, vous pouvez réduire votre risque.
- Soyez patient: L'investissement en obligations est un jeu à long terme. Ne vous attendez pas à devenir riche du jour au lendemain.

Conclusion

L'investissement en obligations peut être un excellent moyen de faire fructifier votre argent et de créer votre richesse. Cependant, il est important de comprendre les risques et les avantages de l'investissement en obligations avant de vous lancer.

"Les obligations sont un moyen de faire de l'argent travailler pour vous."

"En investissant dans des obligations, vous pouvez profiter des intérêts versés par les entreprises ou les gouvernements."

Mais attention, investir en obligations comporte des risques. La valeur des obligations peut baisser. C'est pourquoi il est important de faire vos recherches et de comprendre les risques avant d'investir. Si vous êtes prêt à prendre des risques et à travailler dur, l'investissement en obligations peut être un moyen puissant de créer votre richesse.

Chapitre 7 : Vivre frugalement

Introduction

Dans les chapitres précédents, nous avons vu comment créer un budget, gérer vos finances et investir votre argent. Dans ce chapitre, nous allons voir comment vivre frugalement.

Partie 1: Qu'est-ce que vivre frugalement ?

Vivre frugalement signifie vivre avec moins d'argent. Cela ne signifie pas vivre dans la pauvreté, mais simplement vivre de manière simple et économe.

Pourquoi vivre frugalement ?

Il y a plusieurs raisons de vivre frugalement :

- Pour économiser de l'argent: Vivre frugalement vous permet d'économiser de l'argent pour vos objectifs financiers, tels que l'achat d'une maison, la retraite ou l'éducation de vos enfants.

- Pour être plus indépendant: Vivre frugalement vous rend moins dépendant de votre revenu. Cela peut vous donner plus de liberté de choisir votre carrière ou votre mode de vie.
- Pour avoir un impact positif sur l'environnement: Vivre frugalement réduit votre consommation, ce qui peut avoir un impact positif sur l'environnement.

Comment vivre frugalement ?

Voici quelques conseils pour vivre frugalement :

- Faites un budget: Le premier pas pour vivre frugalement est de faire un budget. Cela vous aidera à suivre vos dépenses et à identifier les domaines où vous pouvez économiser.
- Réduisez vos dépenses: Une fois que vous avez un budget, vous pouvez commencer à réduire vos dépenses. Voici quelques idées pour réduire vos dépenses :
  - Cuisinez à la maison plutôt que de manger au restaurant.
  - Faites vos propres travaux ménagers et de réparations.
  - Annulez les abonnements que vous n'utilisez pas.
  - Comparez les prix avant d'acheter.
  - Achetez des produits d'occasion.

- Augmentez vos revenus : Si vous ne pouvez pas réduire vos dépenses assez pour atteindre vos objectifs financiers, vous pouvez également augmenter vos revenus. Voici quelques idées pour augmenter vos revenus :
  - Trouvez un emploi à temps partiel ou un side hustle.
  - Vendez des objets dont vous n'avez plus besoin.
  - Investir votre argent.

- Soyez patient : Vivre frugalement prend du temps et des efforts. Ne vous attendez pas à voir des résultats du jour au lendemain.
- Soyez flexible: Il y aura des moments où vous devrez dépenser plus que prévu. Soyez flexible et ne vous laissez pas décourager.
- Faites-en un jeu: Trouvez des moyens de rendre la vie frugale amusante et stimulante. Par exemple, vous pouvez organiser des défis de frugalité avec vos amis ou votre famille.

Conclusion

Vivre frugalement n'est pas une punition. C'est une façon de vivre de manière plus simple et économe. En suivant ces conseils, vous pouvez économiser de l'argent, être plus indépendant et avoir un impact positif sur l'environnement.

Partie 2 : La différence entre le besoin et le désir

Introduction

Dans la partie précédente, nous avons vu ce qu'est la frugalité et comment vivre frugalement. Dans cette partie, nous allons voir la différence entre le besoin et le désir.

Qu'est-ce qu'un besoin ?

Un besoin est quelque chose dont vous avez besoin pour survivre et vivre une vie saine et productive. Les besoins comprennent des choses comme la nourriture, l'eau, le logement, les vêtements et les soins de santé.

Qu'est-ce qu'un désir ?

Un désir est quelque chose que vous voulez, mais dont vous n'avez pas besoin pour survivre ou vivre une vie saine et productive. Les désirs comprennent des choses comme des biens matériels, des expériences et des activités.

La différence entre le besoin et le désir

La différence entre le besoin et le désir est importante à comprendre pour vivre frugalement. Les besoins sont essentiels, tandis que les désirs sont facultatifs.

Lorsque vous faites des choix financiers, il est important de distinguer entre vos besoins et vos désirs. Si vous pouvez identifier vos besoins et les satisfaire, vous aurez plus de facilité à économiser de l'argent et à atteindre vos objectifs financiers.

Comment distinguer entre le besoin et le désir

Voici quelques conseils pour distinguer entre le besoin et le désir :

- Pensez à la raison pour laquelle vous voulez quelque chose. Si vous le voulez pour survivre ou vivre une vie saine et productive, c'est probablement un besoin. Si vous le voulez pour le plaisir ou pour vous sentir bien, c'est probablement un désir.

- Demandez-vous si vous pouvez vous passer de cela. Si vous pouvez vous passer de quelque chose sans que cela n'affecte votre vie, c'est probablement un désir.
- Pensez à votre budget. Si vous pouvez vous permettre quelque chose sans mettre votre budget à risque, c'est probablement un désir.

Conclusion

La différence entre le besoin et le désir est importante à comprendre pour vivre frugalement. En identifiant vos besoins et en les satisfaisant, vous aurez plus de facilité à économiser de l'argent et à atteindre vos objectifs financiers.

Partie 3 : Les petites économies

Introduction

Dans les parties précédentes, nous avons vu ce qu'est la frugalité, comment vivre frugalement et la différence entre le besoin et le désir. Dans cette partie, nous allons voir comment faire des petites économies.

Les petites économies

Les petites économies peuvent avoir un impact important sur votre budget. Même quelques euros économisés chaque jour peuvent faire une grande différence au fil du temps.

Comment faire des petites économies

Voici quelques conseils pour faire des petites économies :

- Cuisinez à la maison plutôt que de manger au restaurant.
- Faites vos propres travaux ménagers et de réparations.
- Annulez les abonnements que vous n'utilisez pas.
- Comparez les prix avant d'acheter.
- Achetez des produits d'occasion.

Voici quelques exemples de petites économies que vous pouvez faire :

- Faites votre café à la maison plutôt que de l'acheter au café.
- Apportez votre lunch au travail plutôt que de le manger au restaurant.

- Prenez les transports en commun ou marchez plutôt que de prendre la voiture.
- Éteignez les lumières et les appareils électriques lorsque vous ne les utilisez pas.
- Éteignez le chauffage ou la climatisation lorsque vous n'en avez pas besoin.

Conclusion

Les petites économies peuvent avoir un impact important sur votre budget. En faisant quelques changements simples à votre mode de vie, vous pouvez économiser de l'argent et atteindre vos objectifs financiers plus rapidement.

- Soyez conscient de vos dépenses. Le premier pas pour faire des économies est de savoir où va votre argent. Gardez un budget ou un journal de dépenses pour suivre vos dépenses.
- Soyez patient. Faire des économies prend du temps et des efforts. Ne vous attendez pas à voir des résultats du jour au lendemain.
- Soyez flexible. Il y aura des moments où vous devrez dépenser plus que prévu. Soyez flexible et ne vous laissez pas décourager.

- Faites-en un jeu. Trouvez des moyens de rendre la vie frugale amusante et stimulante. Par exemple, vous pouvez organiser des défis de frugalité avec vos amis ou votre famille.

Partie 4 : Les grands projets

Introduction

Dans les parties précédentes, nous avons vu ce qu'est la frugalité, comment vivre frugalement, la différence entre le besoin et le désir et comment faire des petites économies. Dans cette partie, nous allons voir comment financer les grands projets.

Les grands projets

Les grands projets peuvent être coûteux. Pour les financer, vous devrez soit augmenter vos revenus, soit réduire vos dépenses, soit une combinaison des deux.

Augmenter vos revenus

Si vous ne pouvez pas réduire vos dépenses suffisamment pour financer votre grand projet, vous devrez augmenter vos revenus. Voici quelques idées pour augmenter vos revenus :

- Trouvez un emploi à temps partiel ou un side hustle.
- Vendez des objets dont vous n'avez plus besoin.

- Investissez votre argent.

Réduire vos dépenses

Si vous ne pouvez pas augmenter vos revenus suffisamment pour financer votre grand projet, vous devrez réduire vos dépenses. Voici quelques idées pour réduire vos dépenses :

- Faites un budget et suivez vos dépenses.
- Annulez les abonnements que vous n'utilisez pas.
- Comparez les prix avant d'acheter.
- Achetez des produits d'occasion.
- Faites vos propres travaux ménagers et de réparations.

Financer votre grand projet

Une fois que vous avez identifié des moyens d'augmenter vos revenus ou de réduire vos dépenses, vous pouvez commencer à planifier votre grand projet. Voici quelques conseils pour financer votre grand projet :

- Fixez un objectif clair. Que voulez-vous accomplir ? Combien d'argent avez-vous besoin ?

- Créez un plan d'action. Comment allez-vous atteindre votre objectif ?
- Suivez votre progression. Assurez-vous de rester sur la bonne voie.

Conclusion

Les grands projets peuvent être coûteux, mais ils peuvent être réalisables avec une planification et un effort. En suivant ces conseils, vous pouvez financer votre grand projet et atteindre vos objectifs financiers.

- Soyez patient. Il faudra du temps et des efforts pour atteindre votre objectif. Ne vous attendez pas à voir des résultats du jour au lendemain.
- Soyez flexible. Il y aura des moments où vous devrez faire des ajustements à votre plan. Soyez flexible et ne vous laissez pas décourager.
- Faites-en un jeu. Trouvez des moyens de rendre le processus amusant et stimulant. Par exemple, vous pouvez suivre vos progrès dans un journal ou créer un budget visuel.

Chapitre 8 : Se constituer un patrimoine

Introduction

Dans les chapitres précédents, nous avons vu comment créer un budget, gérer vos finances et investir votre argent. Dans ce chapitre, nous allons voir comment se constituer un patrimoine.

Qu'est-ce qu'un patrimoine ?

Un patrimoine est l'ensemble des actifs que vous possédez, moins vos dettes. Il peut inclure des choses comme votre maison, votre voiture, vos comptes d'épargne et d'investissement, vos biens personnels et vos droits de propriété intellectuelle.

Pourquoi se constituer un patrimoine ?

Il existe plusieurs raisons de se constituer un patrimoine :

- Pour assurer votre sécurité financière: Un patrimoine peut vous fournir un revenu de base

en cas de perte d'emploi, de maladie ou de retraite.
- Pour transmettre votre héritage: Un patrimoine peut être transmis à vos enfants ou à d'autres personnes de votre choix.
- Pour réaliser vos objectifs financiers: Un patrimoine peut vous aider à atteindre vos objectifs financiers, tels que l'achat d'une maison, l'éducation de vos enfants ou la retraite.

Comment se constituer un patrimoine ?

Il y a plusieurs façons de se constituer un patrimoine :

- Épargner de l'argent: L'épargne est la base de la constitution d'un patrimoine. Plus vous économisez, plus vite vous pourrez constituer un patrimoine important.
- Investir votre argent: L'investissement peut vous aider à faire fructifier votre argent et à augmenter votre patrimoine plus rapidement.
- Gérer vos dettes: La réduction de vos dettes peut vous libérer de l'argent que vous pouvez ensuite investir ou épargner.

Étapes pour se constituer un patrimoine

Voici quelques étapes pour se constituer un patrimoine :

1. Fixez-vous un objectif: Décidez combien vous voulez économiser et quand vous voulez atteindre votre objectif.
2. Créez un plan d'épargne: Déterminez combien vous pouvez économiser chaque mois ou chaque année.
3. Suivez votre progression: Tenez un journal de vos dépenses et de vos économies pour suivre votre progression.
4. Investissez votre argent: Une fois que vous avez économisé une somme d'argent suffisante, vous pouvez commencer à investir.
5. Gérez vos dettes: Si vous avez des dettes, concentrez-vous sur leur remboursement avant d'investir.

Conclusion

Se constituer un patrimoine prend du temps et des efforts, mais c'est un objectif réalisable. En suivant ces conseils, vous pouvez commencer à construire votre patrimoine dès aujourd'hui.

Pour assurer votre sécurité financière

Un patrimoine peut vous fournir un revenu de base en cas de perte d'emploi, de maladie ou de retraite. Par exemple, si vous perdez votre emploi, vous pouvez utiliser votre patrimoine pour subvenir à vos besoins pendant que vous cherchez un nouvel emploi. Si vous tombez malade, vous pouvez utiliser votre patrimoine pour payer vos frais médicaux. Et si vous prenez votre retraite, vous pouvez utiliser votre patrimoine pour générer un revenu passif.

Voici quelques exemples d'actifs qui peuvent vous aider à assurer votre sécurité financière :

- Une maison: Une maison peut être un actif précieux qui peut vous fournir un abri et un revenu passif sous forme de loyer.
- Une assurance-vie: Une assurance-vie peut fournir un revenu à votre famille en cas de votre décès.
- Des comptes d'épargne et d'investissement: Les comptes d'épargne et d'investissement peuvent vous fournir un revenu passif sous forme d'intérêts ou de dividendes.

Pour transmettre votre héritage

Un patrimoine peut être transmis à vos enfants ou à d'autres personnes de votre choix. Cela peut être un moyen de leur donner un coup de pouce financier ou de leur laisser un souvenir de vous.

Voici quelques exemples d'actifs qui peuvent être transmis à votre héritage :

- Une maison
- Des comptes d'épargne et d'investissement
- Des biens personnels
- Des droits de propriété intellectuelle

Pour réaliser vos objectifs financiers

Un patrimoine peut vous aider à atteindre vos objectifs financiers, tels que l'achat d'une maison, l'éducation de vos enfants ou la retraite. Par exemple, si vous voulez acheter une maison, vous pouvez utiliser votre patrimoine pour faire un acompte. Si vous voulez payer l'éducation de vos enfants, vous pouvez investir votre patrimoine pour générer un revenu

Partie 2 : Le principe de l'effet boule de neige

Introduction

Dans la partie précédente, nous avons vu comment se constituer un patrimoine. Dans cette partie, nous allons voir le principe de l'effet boule de neige.

Qu'est-ce que l'effet boule de neige ?

L'effet boule de neige est une stratégie d'épargne qui consiste à investir une somme d'argent fixe chaque mois ou chaque année. Au fil du temps, cette somme d'argent s'accumule et génère des intérêts, ce qui entraîne une croissance exponentielle.

Comment fonctionne l'effet boule de neige ?

Supposons que vous investissiez 100 € par mois pendant 30 ans. À un taux de rendement annuel de 7 %, votre investissement atteindrait 120 000 € à la fin de cette période.

Calcul de l'effet boule de neige

Voici une formule simple pour calculer l'effet boule de neige :

Valeur finale = Investissement initial x (1 + Taux de rendement)^N

- Valeur finale: La valeur de votre investissement à la fin de la période.
- Investissement initial: La somme d'argent que vous investissez chaque mois ou chaque année.
- Taux de rendement: Le taux de rendement annuel de votre investissement.
- N: Le nombre d'années d'investissement.

Voici quelques exemples d'effet boule de neige :

- Investir 100 € par mois pendant 30 ans à un taux de rendement de 7 %

Valeur finale = 100 € x (1 + 0,07)^30

Valeur finale = 120 000 €

- Investir 500 € par mois pendant 20 ans à un taux de rendement de 5 %

Valeur finale = 500 € x (1 + 0,05)^20

Valeur finale = 350 000 €

- Investir 1 000 € par mois pendant 10 ans à un taux de rendement de 3 %

Valeur finale = 1 000 € x (1 + 0,03)^10

Valeur finale = 250 000 €

Conclusion

L'effet boule de neige est une stratégie d'épargne puissante qui peut vous aider à atteindre vos objectifs financiers. En investissant une somme d'argent fixe chaque mois ou chaque année, vous pouvez profiter de la croissance exponentielle des intérêts pour faire fructifier votre argent.

Conseils pour maximiser l'effet boule de neige

Pour maximiser l'effet boule de neige, voici quelques conseils :

- Commencez tôt: Plus tôt vous commencerez à investir, plus vous aurez de temps pour profiter de la croissance exponentielle des intérêts.
- Investissez régulièrement: Investissez une somme d'argent fixe chaque mois ou chaque année, même si c'est un petit montant.
- Augmentez votre investissement au fil du temps: Au fur et à mesure que votre revenu augmente, augmentez également votre investissement.

En suivant ces conseils, vous pouvez mettre en place une stratégie d'épargne solide qui vous aidera à atteindre vos objectifs financiers.

Partie 3 : Les différents types de patrimoine

Introduction

Dans les parties précédentes, nous avons vu comment se constituer un patrimoine et le principe de l'effet boule de neige. Dans cette partie, nous allons voir les différents types de patrimoine.

Les différents types de patrimoine

Le patrimoine peut être classé en deux catégories principales :

- Le patrimoine tangible: Il s'agit d'actifs physiques que vous pouvez voir et toucher. Par exemple, une maison, une voiture, des bijoux, des œuvres d'art, etc.
- Le patrimoine intangible: Il s'agit d'actifs qui n'ont pas de forme physique. Par exemple, une assurance-vie, un fonds de pension, des droits de propriété intellectuelle, etc.

Le patrimoine tangible

Le patrimoine tangible est le type de patrimoine le plus courant. Il comprend des actifs tels que :

- Une maison: Une maison est un actif précieux qui peut vous fournir un abri et un revenu passif sous forme de loyer.
- Une voiture: Une voiture est un actif utile qui vous permet de vous déplacer.
- Des bijoux: Les bijoux sont des actifs précieux qui peuvent être utilisés comme investissement ou comme assurance.
- Des œuvres d'art: Les œuvres d'art sont des actifs précieux qui peuvent être utilisés comme investissement ou comme décoration.

- D'autres biens personnels: D'autres biens personnels, tels que des meubles, des électroménagers, etc., peuvent également être considérés comme du patrimoine.

Le patrimoine intangible

Le patrimoine intangible est un type de patrimoine moins courant. Il comprend des actifs tels que :

- Une assurance-vie: Une assurance-vie est un actif qui peut fournir un revenu à votre famille en cas de votre décès.
- Un fonds de pension: Un fonds de pension est un actif qui vous permet d'épargner pour votre retraite.
- Des droits de propriété intellectuelle: Les droits de propriété intellectuelle, tels que les brevets, les marques et les droits d'auteur, sont des actifs qui peuvent être utilisés pour générer des revenus.

Conclusion

Les différents types de patrimoine ont des avantages et des inconvénients différents. Il est important de comprendre les différents types de patrimoine pour pouvoir choisir les actifs qui correspondent le mieux à vos objectifs financiers.

Conseils pour choisir les bons actifs

Voici quelques conseils pour choisir les bons actifs pour votre patrimoine :

- Considérez vos objectifs financiers: Avant de choisir des actifs, réfléchissez à vos objectifs financiers. Voulez-vous vous constituer un patrimoine pour la retraite ? Pour acheter une maison ? Pour financer vos études ?
- Évaluez votre tolérance au risque: Certains actifs sont plus risqués que d'autres. Évaluez votre tolérance au risque avant d'investir dans des actifs risqués.
- Diversifiez votre portefeuille: Ne mettez pas tous vos œufs dans le même panier. Diversifiez votre portefeuille pour réduire votre risque.

En suivant ces conseils, vous pouvez choisir les bons actifs pour votre patrimoine et atteindre vos objectifs financiers.

Partie 4 : L'importance de la diversification

Introduction

Dans les parties précédentes, nous avons vu comment se constituer un patrimoine, les différents types de patrimoine et les conseils pour choisir les bons actifs. Dans cette partie, nous allons voir l'importance de la diversification.

Qu'est-ce que la diversification ?

La diversification est la répartition de votre argent sur différents actifs. Cela permet de réduire votre risque en cas de baisse de la valeur d'un actif.

Pourquoi la diversification est-elle importante ?

La diversification est importante pour plusieurs raisons :

- Elle réduit votre risque: En diversifiant votre portefeuille, vous ne mettez pas tous vos œufs dans le même panier. Cela signifie que si la valeur d'un actif baisse, vous n'avez pas perdu tout votre argent.
- Elle augmente votre potentiel de rendement: En diversifiant votre portefeuille, vous pouvez vous exposer à différents secteurs et industries. Cela peut vous aider à augmenter votre potentiel de rendement.
- Elle vous aide à atteindre vos objectifs financiers: En diversifiant votre portefeuille, vous pouvez réduire votre risque et augmenter votre potentiel de rendement. Cela vous donne une meilleure chance d'atteindre vos objectifs financiers.

Comment diversifier votre portefeuille ?

Il existe de nombreuses façons de diversifier votre portefeuille. Voici quelques conseils :

- Investissez dans différents types d'actifs: Ne vous limitez pas à un seul type d'actif, comme les actions ou les obligations. Investissez également dans des actifs tangibles, tels que des biens immobiliers ou des métaux précieux.
- Investissez dans différentes classes d'actifs: Les classes d'actifs sont des groupes d'actifs qui ont

des caractéristiques similaires. Par exemple, les actions sont une classe d'actifs, tout comme les obligations, les biens immobiliers et les métaux précieux.

- Investissez dans différentes régions et secteurs: Ne vous limitez pas à votre pays ou à votre région. Investissez également dans d'autres régions et secteurs du monde.

Conclusion

La diversification est un élément essentiel de toute stratégie d'investissement. En diversifiant votre portefeuille, vous pouvez réduire votre risque et augmenter votre potentiel de rendement. Cela vous donne une meilleure chance d'atteindre vos objectifs financiers.

Chapitre 9 : L'éducation financière

Partie 1 : L'importance de l'éducation financière

Qu'est-ce que l'éducation financière ?

L'éducation financière est l'apprentissage des concepts et des principes financiers. Elle comprend des sujets tels que la budgétisation, l'épargne, l'investissement, la retraite et la gestion des dettes.

Pourquoi l'éducation financière est-elle importante ?

L'éducation financière est importante pour plusieurs raisons :

- Elle vous aide à prendre de meilleures décisions financières: En comprenant les concepts et les principes financiers, vous serez mieux à même de prendre des décisions financières éclairées.

- Elle vous aide à atteindre vos objectifs financiers: En ayant de bonnes connaissances financières, vous serez plus susceptible d'atteindre vos objectifs financiers, tels que l'achat d'une maison, le financement de vos études ou la préparation de votre retraite.
- Elle vous aide à gérer votre argent de manière responsable: En comprenant les risques financiers, vous serez mieux à même de gérer votre argent de manière responsable.

Comment obtenir une éducation financière ?

Il existe de nombreuses façons d'obtenir une éducation financière. Voici quelques exemples :

- Lire des livres et des articles sur les finances personnelles
- Suivre des cours ou des ateliers sur les finances personnelles
- Consulter un conseiller financier
- Participer à des forums et des groupes de discussion sur les finances personnelles

Conclusion

L'éducation financière est un investissement important pour votre avenir. En apprenant les concepts et les principes financiers, vous serez mieux à même de prendre de meilleures décisions financières, d'atteindre vos objectifs financiers et de gérer votre argent de manière responsable.

Partie 2 : L'importance de l'éducation financière

Introduction

Dans la partie précédente, nous avons vu ce qu'est l'éducation financière et pourquoi elle est importante. Dans cette partie, nous allons voir en détail les avantages de l'éducation financière.

Avantages de l'éducation financière

L'éducation financière présente de nombreux avantages, notamment :

- Une meilleure compréhension des concepts et des principes financiers
- Une prise de décision financière plus éclairée
- Une meilleure capacité à atteindre vos objectifs financiers

- Une gestion de l'argent plus responsable
- Une plus grande sécurité financière

Une meilleure compréhension des concepts et des principes financiers

L'éducation financière vous donne une meilleure compréhension des concepts et des principes financiers. Cela vous permet de comprendre comment fonctionne l'argent et comment prendre des décisions financières éclairées.

Une prise de décision financière plus éclairée

L'éducation financière vous aide à prendre des décisions financières plus éclairées. Cela signifie que vous serez mieux à même de comprendre les risques et les avantages de différentes options financières.

Une meilleure capacité à atteindre vos objectifs financiers

L'éducation financière vous aide à atteindre vos objectifs financiers. Cela vous permet de comprendre ce qu'il faut faire pour atteindre vos objectifs et de mettre en place un plan pour les atteindre.

Une gestion de l'argent plus responsable

L'éducation financière vous aide à gérer votre argent de manière plus responsable. Cela signifie que vous serez mieux à même de contrôler vos dépenses et d'épargner pour l'avenir.

Une plus grande sécurité financière

L'éducation financière vous aide à avoir une plus grande sécurité financière. Cela signifie que vous serez mieux à même de faire face à des événements imprévus, tels qu'une perte d'emploi ou une maladie.

Conclusion

L'éducation financière est un investissement important pour votre avenir. En apprenant les concepts et les principes financiers, vous serez mieux à même de prendre des décisions financières éclairées, d'atteindre vos objectifs financiers et de gérer votre argent de manière responsable.

Voici quelques exemples d'avantages concrets que l'éducation financière peut vous apporter :

- Vous pouvez économiser plus d'argent: En comprenant les principes de l'épargne, vous pouvez mettre de côté plus d'argent pour vos objectifs financiers, tels que l'achat d'une maison ou la retraite.
- Vous pouvez investir votre argent plus efficacement: En comprenant les différents types d'investissements, vous pouvez investir votre argent de manière plus rentable.
- Vous pouvez réduire votre dette: En comprenant les différentes options de remboursement de la dette, vous pouvez réduire votre dette plus rapidement.
- Vous pouvez protéger votre patrimoine: En comprenant les différentes polices d'assurance, vous pouvez protéger votre patrimoine en cas d'événement imprévu.

Comment obtenir une éducation financière

Il existe de nombreuses façons d'obtenir une éducation financière. Voici quelques exemples :

- Lire des livres et des articles sur les finances personnelles

- Suivre des cours ou des ateliers sur les finances personnelles
- Consulter un conseiller financier
- Participer à des forums et des groupes de discussion sur les finances personnelles

Conclusion

L'éducation financière est accessible à tous. En investissant un peu de temps et d'efforts, vous pouvez apprendre les concepts et les principes financiers qui vous aideront à atteindre vos objectifs financiers et à gérer votre argent de manière responsable.

Partie 3 : Les ressources pour apprendre

Introduction

Dans les parties précédentes, nous avons vu ce qu'est l'éducation financière, pourquoi elle est importante et quels sont ses avantages. Dans cette partie, nous allons voir les ressources disponibles pour apprendre les finances personnelles.

Ressources pour apprendre les finances personnelles

Il existe de nombreuses ressources disponibles pour apprendre les finances personnelles. Voici quelques exemples :

- Livres et articles: Il existe de nombreux livres et articles sur les finances personnelles. Ces ressources peuvent être un excellent moyen d'apprendre les concepts et les principes financiers de base.
- Cours et ateliers: Il existe de nombreux cours et ateliers sur les finances personnelles. Ces cours peuvent être un excellent moyen d'apprendre des concepts et des principes financiers plus avancés.
- Sites Web et blogs: Il existe de nombreux sites Web et blogs sur les finances personnelles. Ces ressources peuvent être un excellent moyen de rester à jour sur les dernières tendances financières.
- Conseillers financiers: Si vous avez des questions ou des besoins spécifiques, vous pouvez consulter un conseiller financier. Un conseiller financier peut vous aider à développer un plan financier personnalisé.

Choix de la ressource adaptée

Lorsque vous choisissez une ressource pour apprendre les finances personnelles, il est important de choisir une ressource adaptée à votre niveau de connaissances et à vos besoins. Si vous êtes débutant, vous voudrez choisir une ressource qui commence par les concepts de base. Si vous avez des connaissances plus avancées, vous voudrez choisir une ressource qui couvre des sujets plus complexes.

Voici quelques conseils pour choisir une ressource adaptée pour apprendre les finances personnelles :

- Considérez votre niveau de connaissances: Si vous êtes débutant, choisissez une ressource qui commence par les concepts de base. Si vous avez des connaissances plus avancées, choisissez une ressource qui couvre des sujets plus complexes.
- Pensez à vos besoins: Si vous avez des questions ou des besoins spécifiques, choisissez une ressource qui les aborde.
- Lisez les avis: Lisez les avis des autres utilisateurs pour vous faire une idée de la qualité de la ressource.

Conclusion

Il existe de nombreuses ressources disponibles pour apprendre les finances personnelles. En investissant un peu de temps et d'efforts, vous pouvez trouver la ressource qui vous aidera à atteindre vos objectifs financiers et à gérer votre argent de manière responsable.

Partie 4 : Les bonnes habitudes

Introduction

Dans les parties précédentes, nous avons vu ce qu'est l'éducation financière, pourquoi elle est importante, quels sont ses avantages et les ressources disponibles pour apprendre les finances personnelles. Dans cette partie, nous allons voir les bonnes habitudes à adopter pour gérer ses finances de manière responsable.

Bonnes habitudes pour gérer ses finance

Voici quelques bonnes habitudes à adopter pour gérer ses finances de manière responsable :

- Établissez un budget: Un budget est un plan qui vous aide à suivre vos dépenses et à vous assurer que vous ne dépensez pas plus que vous ne gagnez.

- Épargnez régulièrement: L'épargne est essentielle pour atteindre vos objectifs financiers, tels que l'achat d'une maison ou la retraite.
- Payez vos dettes: La dette peut être un fardeau financier. Payez vos dettes le plus rapidement possible pour réduire vos frais d'intérêt et améliorer votre santé financière.
- Investissez: L'investissement est un moyen de faire fructifier votre argent. Investissez dans des actifs qui ont le potentiel de générer des revenus.
- Protégez votre patrimoine: Une assurance peut vous aider à protéger votre patrimoine en cas d'événement imprévu, tel qu'une perte d'emploi ou une maladie.

Conseils pour adopter de bonnes habitudes

Voici quelques conseils pour adopter de bonnes habitudes pour gérer vos finances :

- Commencez petit: N'essayez pas de changer trop de choses à la fois. Commencez par une ou deux habitudes et ajoutez-en d'autres au fur et à mesure.
- Faites-vous accompagner: Si vous avez du mal à adopter de bonnes habitudes, demandez l'aide

d'un ami, d'un membre de votre famille ou d'un conseiller financier.

- Soyez patient: Il faut du temps pour développer de bonnes habitudes. Ne vous découragez pas si vous faites des erreurs. Continuez à travailler sur vos habitudes et vous verrez des résultats avec le temps.

Conclusion

Adopter de bonnes habitudes pour gérer ses finances est essentiel pour atteindre ses objectifs financiers et avoir une bonne santé financière. En suivant les conseils ci-dessus, vous pouvez mettre en place des habitudes saines qui vous aideront à atteindre vos objectifs financiers.

Chapitre 10 : L'intelligence artificielle

Partie 1 : Définition et principes

Introduction

Dans ce chapitre, nous allons voir ce qu'est l'intelligence artificielle, comment elle fonctionne et ses applications.

Définition de l'intelligence artificielle

L'intelligence artificielle (IA) est une branche de l'informatique qui vise à créer des machines capables d'imiter l'intelligence humaine.

Principes de l'intelligence artificielle

L'IA repose sur deux principes fondamentaux :

- L'apprentissage: Les machines apprennent à partir des données qu'elles sont capables de traiter.

- La résolution de problèmes: Les machines sont capables de résoudre des problèmes de manière autonome.

Applications de l'intelligence artificielle

L'IA est utilisée dans de nombreux domaines, notamment :

- La robotique: Les robots sont utilisés dans l'industrie, la recherche et l'assistance aux personnes handicapées.
- La médecine: L'IA est utilisée pour le diagnostic, le traitement et la recherche médicale.
- La finance: L'IA est utilisée pour la gestion des risques, la fraude et la prédiction des marchés.
- Le marketing: L'IA est utilisée pour la personnalisation des offres et l'analyse des données.
- La publicité: L'IA est utilisée pour cibler les publicités et mesurer leur efficacité.

Conclusion

L'IA est une technologie en plein développement qui a le potentiel de révolutionner de nombreux domaines.

Quelques exemples d'applications de l'intelligence artificielle

Voici quelques exemples d'applications de l'intelligence artificielle :

- Les assistants vocaux, tels que Siri, Alexa ou Google Assistant, utilisent l'IA pour comprendre les commandes vocales et y répondre.
- Les voitures autonomes utilisent l'IA pour détecter les obstacles, suivre les routes et éviter les collisions.
- Les systèmes de recommandation, tels que ceux utilisés par Netflix ou Amazon, utilisent l'IA pour recommander des produits ou des services en fonction des préférences des utilisateurs.
- Les systèmes de sécurité, tels que ceux utilisés pour détecter les fraudes ou les intrusions, utilisent l'IA pour analyser des données et identifier les anomalies.
- Les systèmes de traitement du langage naturel, tels que ceux utilisés par les chatbots, utilisent l'IA pour comprendre et générer du langage humain.

Les enjeux de l'intelligence artificielle

L'IA soulève un certain nombre d'enjeux, notamment :

- La transparence: Il est important que les systèmes d'IA soient transparents, afin que les utilisateurs puissent comprendre comment ils fonctionnent et prendre des décisions éclairées.
- L'équité: Il est important que les systèmes d'IA soient équitables, afin qu'ils ne discriminent pas les utilisateurs en fonction de leur race, de leur sexe ou de leur religion.
- La sécurité: Il est important que les systèmes d'IA soient sûrs, afin qu'ils ne soient pas utilisés à des fins malveillantes.

L'avenir de l'intelligence artificielle

L'IA est une technologie en plein développement qui a le potentiel de révolutionner de nombreux domaines. Cependant, il est important de rester conscient des enjeux liés à l'IA et de prendre des mesures pour garantir son développement responsable.

Partie 2 : Le potentiel de l'IA

Introduction

Dans la partie précédente, nous avons vu ce qu'est l'intelligence artificielle, comment elle fonctionne et ses applications. Dans cette partie, nous allons voir le potentiel de l'IA, en particulier dans le domaine des finances personnelles.

Le potentiel de l'IA dans les finances personnelles

L'IA a le potentiel de révolutionner les finances personnelles de plusieurs façons. Elle peut :

- Améliorer la prise de décision: L'IA peut aider les individus à prendre de meilleures décisions financières en leur fournissant des informations et des analyses plus précises.
- Automatiser les tâches: L'IA peut automatiser les tâches financières, telles que la budgétisation, l'épargne et l'investissement.
- Personnaliser les conseils: L'IA peut personnaliser les conseils financiers en fonction des besoins et des objectifs individuels.

Exemples d'applications de l'IA dans les finances personnelles

Voici quelques exemples d'applications de l'IA dans les finances personnelles :

- Les assistants personnels financiers: Ces assistants utilisent l'IA pour aider les individus à gérer leur argent. Ils peuvent fournir des conseils sur la budgétisation, l'épargne et l'investissement.
- Les systèmes de recommandation: Ces systèmes utilisent l'IA pour recommander des produits ou des services financiers en fonction des besoins et des objectifs individuels.
- Les systèmes d'alerte: Ces systèmes utilisent l'IA pour alerter les individus sur des changements potentiels dans leurs finances, tels que des changements dans leurs dépenses ou dans leurs investissements.
- Les systèmes de diagnostic: Ces systèmes utilisent l'IA pour diagnostiquer les problèmes financiers, tels que le surendettement ou l'insuffisance d'épargne.

Conclusion

L'IA a le potentiel de rendre les finances personnelles plus faciles, plus efficaces et plus rentables. Cependant, il est important de rester conscient des enjeux liés à l'IA et de prendre des mesures pour garantir son développement responsable.

L'IA peut être utilisée pour améliorer la prise de décision financière des individus. Par exemple, un système d'IA pourrait être utilisé pour aider les individus à déterminer leur tolérance au risque, à choisir les bons investissements et à gérer leur budget. L'IA peut également être utilisée pour automatiser les tâches financières, telles que la budgétisation et l'épargne. Cela peut aider les individus à gagner du temps et à se concentrer sur d'autres aspects de leur vie.

Voici quelques exemples spécifiques de l'utilisation de l'IA dans les finances personnelles :

- Un système d'IA pourrait être utilisé pour aider les individus à déterminer leur tolérance au risque en leur posant des questions sur leurs objectifs financiers, leur horizon de placement et leur aversion au risque.
- Un système d'IA pourrait être utilisé pour aider les individus à choisir les bons investissements en analysant leurs données financières et en identifiant les opportunités d'investissement qui correspondent à leurs objectifs.
- Un système d'IA pourrait être utilisé pour aider les individus à gérer leur budget en suivi de leurs dépenses et en leur fournissant des recommandations pour réduire leurs coûts.

L'IA a le potentiel de rendre les finances personnelles plus accessibles et plus inclusives. Elle peut aider les individus à prendre de meilleures décisions financières, à améliorer leur situation financière et à atteindre leurs objectifs financiers.

Partie 3 : Les applications de l'intelligence artificielle dans le monde de l'entreprise

Introduction

Dans la partie précédente, nous avons vu le potentiel de l'IA dans les finances personnelles. Dans cette partie, nous allons voir les applications de l'IA dans le monde de l'entreprise.

Les applications de l'IA dans le monde de l'entreprise

L'IA est déjà utilisée dans de nombreux domaines de l'entreprise, notamment :

- La production: L'IA est utilisée pour automatiser les tâches, améliorer la qualité des produits et réduire les coûts.
- La logistique: L'IA est utilisée pour optimiser les chaînes d'approvisionnement, réduire les délais de livraison et améliorer la satisfaction des clients.

- Le marketing: L'IA est utilisée pour personnaliser les offres, cibler les publicités et mesurer l'efficacité des campagnes.
- Les ventes: L'IA est utilisée pour identifier les prospects potentiels, qualifier les leads et conclure des contrats.
- Le service client: L'IA est utilisée pour répondre aux questions des clients, résoudre les problèmes et améliorer la satisfaction des clients.

Voici quelques exemples d'applications de l'IA dans le monde de l'entreprise :

- Les robots industriels utilisent l'IA pour effectuer des tâches répétitives et dangereuses.
- Les systèmes de recommandation utilisent l'IA pour recommander des produits ou des services aux clients.
- Les chatbots utilisent l'IA pour répondre aux questions des clients.
- Les systèmes d'analyse des données utilisent l'IA pour analyser des données volumineuses et identifier des tendances.

Conclusion

L'IA a le potentiel de transformer le monde de l'entreprise. Elle peut aider les entreprises à améliorer leur productivité, leur efficacité et leur rentabilité. L'IA peut être utilisée pour améliorer la prise de décision des entreprises. Par exemple, un système d'IA pourrait être utilisé pour aider les entreprises à identifier de nouvelles opportunités de marché, à développer de nouveaux produits ou services et à améliorer leur efficacité opérationnelle.

Voici quelques exemples spécifiques de l'utilisation de l'IA dans le monde de l'entreprise :

- Un système d'IA pourrait être utilisé pour aider les entreprises à identifier de nouvelles opportunités de marché en analysant les données démographiques, les tendances économiques et les comportements des consommateurs.
- Un système d'IA pourrait être utilisé pour aider les entreprises à développer de nouveaux produits ou services en analysant les données des clients, les tendances du marché et les technologies émergentes.
- Un système d'IA pourrait être utilisé pour aider les entreprises à améliorer leur efficacité opérationnelle en automatisant les tâches, en optimisant les processus et en réduisant les coûts.

L'IA a le potentiel de rendre les entreprises plus compétitives et plus performantes. Elle peut aider les entreprises à se différencier de leurs concurrents, à répondre aux besoins des clients et à saisir les opportunités du marché.

Partie 4 : Les risques de l'intelligence artificielle

Introduction

L'intelligence artificielle (IA) est une technologie en plein développement qui a le potentiel de révolutionner de nombreux domaines. Cependant, l'IA soulève également un certain nombre de risques, notamment :

- La discrimination: Les systèmes d'IA peuvent être biaisés, ce qui peut conduire à la discrimination à l'égard de certains groupes de personnes.
- La perte d'emplois: L'automatisation des tâches par l'IA peut entraîner la perte d'emplois.
- La sécurité: Les systèmes d'IA peuvent être vulnérables aux attaques, ce qui peut entraîner des dommages ou des fuites de données.
- La perte de contrôle: L'IA peut devenir si puissante qu'elle sera difficile à contrôler.

Les risques de l'IA dans les finances personnelles

Dans le domaine des finances personnelles, l'IA soulève également un certain nombre de risques, notamment :

- La perte d'autonomie: Les individus peuvent devenir trop dépendants des systèmes d'IA pour prendre des décisions financières.
- Le surinvestissement : Les systèmes d'IA peuvent recommander des investissements qui sont trop risqués ou qui ne correspondent pas aux besoins des individus.
- La fraude: Les systèmes d'IA peuvent être utilisés pour commettre des fraudes financières.

Les risques de l'IA dans le monde de l'entreprise

Dans le monde de l'entreprise, l'IA soulève également un certain nombre de risques, notamment :

- La perte de contrôle: Les entreprises peuvent perdre le contrôle des systèmes d'IA qu'elles utilisent.
- La dépendance: Les entreprises peuvent devenir trop dépendantes des systèmes d'IA, ce qui peut les rendre vulnérables aux perturbations.
- La prise de décision biaisée: Les systèmes d'IA peuvent être utilisés pour prendre des décisions qui sont biaisées à l'égard de certains groupes de personnes.

Conclusion

Il est important de prendre conscience des risques de l'IA afin de les minimiser. Il est également important de développer des solutions pour garantir que l'IA soit utilisée de manière responsable et éthique.

Mesures pour minimiser les risques de l'IA

Voici quelques mesures qui peuvent être prises pour minimiser les risques de l'IA :

- La transparence: Les systèmes d'IA doivent être transparents, afin que les utilisateurs puissent comprendre comment ils fonctionnent et prendre des décisions éclairées.
- L'équité: Les systèmes d'IA doivent être équitables, afin qu'ils ne discriminent pas les utilisateurs en fonction de leur race, de leur sexe ou de leur religion.
- La sécurité: Les systèmes d'IA doivent être sécurisés, afin qu'ils ne soient pas utilisés à des fins malveillantes.
- La responsabilité: Les systèmes d'IA doivent être responsables, afin qu'ils soient utilisés de manière éthique et dans l'intérêt de la société.

Conclusion

L'IA est une technologie puissante qui a le potentiel de transformer le monde de manière positive. Cependant, il est important de prendre conscience des risques de l'IA afin de les minimiser et de garantir que l'IA soit utilisée de manière responsable et éthique.

Chapitre 11 : Les obstacles

Introduction

Dans ce chapitre, nous allons voir les obstacles qui peuvent entraver l'éducation financière des individus.

Les obstacles à l'éducation financière

Les obstacles à l'éducation financière peuvent être divisés en trois catégories principales :

- Les obstacles individuels: Ces obstacles sont liés aux individus eux-mêmes, tels que le manque de motivation, le manque de temps ou le manque de connaissances.
- Les obstacles institutionnels: Ces obstacles sont liés aux institutions, telles que le coût des programmes d'éducation financière ou l'absence d'offres d'éducation financière adaptées aux besoins des individus.
- Les obstacles sociétaux: Ces obstacles sont liés à la société dans son ensemble, tels que les inégalités économiques ou les préjugés financiers.

Les obstacles individuels

Les obstacles individuels sont les plus courants. Ils peuvent inclure :

- Le manque de motivation: Certains individus ne sont pas motivés à apprendre à gérer leur argent. Ils peuvent penser que l'éducation financière n'est pas importante ou qu'ils n'ont pas besoin d'apprendre à gérer leur argent.
- Le manque de temps: Certains individus n'ont pas le temps d'apprendre à gérer leur argent. Ils peuvent être trop occupés par leur travail, leurs études ou leurs responsabilités familiales.
- Le manque de connaissances: Certains individus n'ont pas les connaissances de base en mathématiques ou en finances nécessaires pour comprendre les concepts financiers.

Les obstacles institutionnels

Les obstacles institutionnels peuvent inclure :

- Le coût des programmes d'éducation financière: Les programmes d'éducation financière peuvent être coûteux, ce qui peut les rendre inaccessibles à certains individus.
- L'absence d'offres d'éducation financière adaptées aux besoins des individus: Les

programmes d'éducation financière ne sont pas toujours adaptés aux besoins des individus. Ils peuvent être trop complexes ou trop simplistes.

- L'absence de soutien des institutions: Les institutions, telles que les écoles, les entreprises ou les gouvernements, ne soutiennent pas toujours l'éducation financière. Ils peuvent ne pas fournir de ressources ou de programmes d'éducation financière.

Les obstacles sociétaux

Les obstacles sociétaux peuvent inclure :

- Les inégalités économiques: Les inégalités économiques peuvent rendre l'éducation financière plus difficile pour les individus issus de milieux défavorisés.
- Les préjugés financiers: Les préjugés financiers peuvent dissuader certains individus d'apprendre à gérer leur argent. Ils peuvent penser qu'ils ne sont pas capables d'apprendre ou qu'ils ne méritent pas d'apprendre à gérer leur argent.

Conclusion

Les obstacles à l'éducation financière peuvent être nombreux et variés. Il est important de les prendre en compte afin de développer des programmes d'éducation financière efficaces et accessibles à tous.

Comment surmonter les obstacles

Il existe des mesures qui peuvent être prises pour surmonter les obstacles à l'éducation financière. Ces mesures peuvent inclure :

- Renforcer la motivation: Il est important de trouver des moyens de motiver les individus à apprendre à gérer leur argent. Cela peut être fait en soulignant l'importance de l'éducation financière ou en la rendant plus accessible et plus attrayante.
- Réduire le coût: Il est important de réduire le coût des programmes d'éducation financière. Cela peut être fait en offrant des programmes gratuits ou à faible coût ou en trouvant des moyens de financer l'éducation financière.
- Adapter les programmes: Il est important d'adapter les programmes d'éducation financière aux besoins des individus. Cela peut être fait en offrant des programmes à différents niveaux de difficulté ou en tenant compte des différents besoins des individus.
- Réduire les préjugés: Il est important de réduire les préjugés financiers. Cela peut être fait en sensibilisant les individus aux préjugés financiers

ou en créant des programmes d'éducation financière qui sont inclusifs.

En prenant des mesures pour surmonter les obstacles à l'éducation financière, il est possible de rendre l'éducation financière accessible à tous.

Partie 2 : Les obstacles externes

Introduction

Dans la partie précédente, nous avons vu les obstacles individuels et institutionnels à l'éducation financière. Dans cette partie, nous allons voir les obstacles sociétaux.

Les obstacles sociétaux

Les obstacles sociétaux sont liés à la société dans son ensemble. Ils peuvent inclure :

- Les inégalités économiques: Les inégalités économiques peuvent rendre l'éducation financière plus difficile pour les individus issus de milieux défavorisés. Ces individus peuvent avoir moins de ressources disponibles pour l'éducation financière et peuvent être moins susceptibles de bénéficier d'un soutien social.

- Les préjugés financiers: Les préjugés financiers peuvent dissuader certains individus d'apprendre à gérer leur argent. Ils peuvent penser qu'ils ne sont pas capables d'apprendre ou qu'ils ne méritent pas d'apprendre à gérer leur argent.
- Le manque de sensibilisation: Le manque de sensibilisation à l'importance de l'éducation financière peut dissuader certains individus d'apprendre à gérer leur argent. Ils peuvent ne pas être conscients des avantages de l'éducation financière ou ne pas penser qu'elle est importante.

Les obstacles externes

Les obstacles externes sont des obstacles qui sont indépendants de l'individu. Ils peuvent inclure :

- La complexité du système financier: Le système financier peut être complexe et difficile à comprendre. Cela peut rendre l'éducation financière plus difficile pour les individus qui ne sont pas familiers avec le système financier.
- La volatilité des marchés financiers: Les marchés financiers peuvent être volatils, ce qui peut rendre l'éducation financière plus difficile

pour les individus qui ne sont pas familiarisés
avec le risque.

- La fraude et l'abus: La fraude et l'abus financiers
  peuvent être un obstacle à l'éducation financière.
  Les individus peuvent être réticents à apprendre
  à gérer leur argent s'ils craignent d'être victimes
  de fraude ou d'abus.

Conclusion

Les obstacles sociétaux peuvent être nombreux et
variés. Ils peuvent contribuer à l'écart de richesse et de
bien-être entre les individus issus de milieux différents. Il
est important de prendre en compte ces obstacles afin
de développer des programmes d'éducation financière
efficaces et accessibles à tous.

Comment surmonter les obstacles

Il existe des mesures qui peuvent être prises pour
surmonter les obstacles sociétaux à l'éducation
financière. Ces mesures peuvent inclure :

- Réduire les inégalités économiques: Il est
  important de réduire les inégalités économiques
  afin de donner à tous les individus les mêmes
  chances d'apprendre à gérer leur argent. Cela
  peut être fait en investissant dans l'éducation et

en créant des opportunités économiques pour tous.

- Combattre les préjugés financiers: Il est important de combattre les préjugés financiers afin de favoriser l'inclusion financière. Cela peut être fait en sensibilisant les individus aux préjugés financiers ou en créant des programmes d'éducation financière qui sont inclusifs.
- Augmenter la sensibilisation: Il est important d'augmenter la sensibilisation à l'importance de l'éducation financière afin de motiver les individus à apprendre à gérer leur argent. Cela peut être fait en diffusant des informations sur l'éducation financière ou en s'associant à des partenaires communautaires.

En prenant des mesures pour surmonter les obstacles sociétaux à l'éducation financière, il est possible de rendre l'éducation financière accessible à tous et de contribuer à réduire l'écart de richesse et de bien-être.

Partie 3 : Les obstacles internes

Introduction

Dans la partie précédente, nous avons vu les obstacles sociétaux à l'éducation financière. Dans cette partie, nous allons voir les obstacles internes.

Les obstacles internes

Les obstacles internes sont liés à l'individu lui-même. Ils peuvent inclure :

- Le manque de motivation : Certains individus ne sont pas motivés à apprendre à gérer leur argent. Ils peuvent penser que l'éducation financière n'est pas importante ou qu'ils n'ont pas besoin d'apprendre à gérer leur argent.
- Le manque de temps: Certains individus n'ont pas le temps d'apprendre à gérer leur argent. Ils peuvent être trop occupés par leur travail, leurs études ou leurs responsabilités familiales.
- Le manque de connaissances: Certains individus n'ont pas les connaissances de base en mathématiques ou en finances nécessaires pour comprendre les concepts financiers.

Les obstacles individuels

Les obstacles individuels sont les plus courants. Ils peuvent être dus à un certain nombre de facteurs, notamment :

- Les expériences personnelles: Les expériences personnelles, telles que des difficultés

financières ou des échecs financiers, peuvent
décourager les individus d'apprendre à gérer leur
argent.

- Les croyances: Les croyances, telles que la
  croyance que l'argent est mauvais ou que
  l'argent ne peut pas être géré, peuvent dissuader
  les individus d'apprendre à gérer leur argent.
- Les émotions: Les émotions, telles que la peur
  ou l'anxiété, peuvent rendre difficile pour les
  individus d'apprendre à gérer leur argent.

Conclusion

Les obstacles internes peuvent être nombreux et variés.
Ils peuvent rendre l'éducation financière plus difficile
pour les individus. Il est important de prendre en compte
ces obstacles afin de développer des programmes
d'éducation financière efficaces et adaptés aux besoins
des individus.

Comment surmonter les obstacles

Il existe des mesures qui peuvent être prises pour
surmonter les obstacles internes à l'éducation
financière. Ces mesures peuvent inclure :

- Renforcer la motivation: Il est important de
  trouver des moyens de motiver les individus à

apprendre à gérer leur argent. Cela peut être fait en soulignant l'importance de l'éducation financière ou en la rendant plus accessible et plus attrayante.

- Réduire le coût: Il est important de réduire le coût des programmes d'éducation financière. Cela peut être fait en offrant des programmes gratuits ou à faible coût ou en trouvant des moyens de financer l'éducation financière.
- Adapter les programmes: Il est important d'adapter les programmes d'éducation financière aux besoins des individus. Cela peut être fait en offrant des programmes à différents niveaux de difficulté ou en tenant compte des différents besoins des individus.

En prenant des mesures pour surmonter les obstacles internes à l'éducation financière, il est possible de rendre l'éducation financière accessible à tous.

Voici quelques exemples d'obstacles internes à l'éducation financière :

- Un individu qui a vécu une faillite peut avoir peur de l'argent et avoir du mal à gérer son budget.
- Un individu qui n'a pas reçu d'éducation financière peut avoir des difficultés à comprendre les concepts financiers.
- Un individu qui a des problèmes de santé mentale peut avoir du mal à prendre des décisions financières.

Il est important de comprendre les obstacles internes à l'éducation financière afin de développer des programmes qui sont efficaces pour tous les individus.

Partie 4 : Comment surmonter les obstacles

Introduction

Dans les parties précédentes, nous avons vu les différents obstacles à l'éducation financière. Dans cette partie, nous allons voir comment surmonter ces obstacles.

Surmonter les obstacles individuels

Pour surmonter les obstacles individuels à l'éducation financière, il est important de :

- Renforcer la motivation: Il est important de trouver des raisons de s'intéresser à l'éducation financière. Cela peut être fait en réfléchissant aux objectifs financiers que l'on souhaite atteindre ou en voyant l'éducation financière comme une opportunité de s'améliorer.

- Réduire le coût: Il existe de nombreux programmes d'éducation financière gratuits ou à faible coût. Il est important de trouver un programme qui correspond à ses besoins et à son budget.
- Adapter les programmes: Il existe des programmes d'éducation financière pour tous les niveaux de connaissances et de besoins. Il est important de trouver un programme qui est adapté à son niveau de compréhension et à ses objectifs.

Surmonter les obstacles institutionnels

Pour surmonter les obstacles institutionnels à l'éducation financière, il est important de :

- Réduire le coût: Les gouvernements et les entreprises peuvent aider à réduire le coût des programmes d'éducation financière en les finançant ou en offrant des subventions.
- Adapter les programmes: Les écoles et les autres institutions peuvent adapter leurs programmes d'éducation financière aux besoins des individus. Cela peut être fait en offrant des programmes à différents niveaux de difficulté ou en tenant compte des différents besoins des individus.

- Renforcer la sensibilisation: Les institutions peuvent aider à renforcer la sensibilisation à l'importance de l'éducation financière. Cela peut être fait en diffusant des informations sur l'éducation financière ou en s'associant à des partenaires communautaires.

Surmonter les obstacles sociétaux

Pour surmonter les obstacles sociétaux à l'éducation financière, il est important de :

- Réduire les inégalités économiques: Les gouvernements peuvent aider à réduire les inégalités économiques en investissant dans l'éducation et en créant des opportunités économiques pour tous.
- Combattre les préjugés financiers: Les gouvernements et les institutions peuvent aider à combattre les préjugés financiers en sensibilisant les individus aux préjugés financiers ou en créant des programmes d'éducation financière qui sont inclusifs.
- Augmenter la sensibilisation: Les gouvernements et les institutions peuvent aider à augmenter la sensibilisation à l'importance de l'éducation financière. Cela peut être fait en diffusant des informations sur l'éducation

financière ou en s'associant à des partenaires communautaires.

Conclusion

Les obstacles à l'éducation financière peuvent être nombreux et variés. Il est important de prendre en compte ces obstacles afin de développer des programmes d'éducation financière efficaces et accessibles à tous.

Voici quelques conseils pour surmonter les obstacles à l'éducation financière :

- Commencez par les bases: Il n'est pas nécessaire de comprendre tous les concepts financiers pour commencer à améliorer sa situation financière. Il est important de commencer par les bases, telles que la création d'un budget et la gestion de ses dettes.
- Trouvez un mentor: Un mentor peut vous aider à apprendre les bases de la finance et à développer vos compétences financières.
- Participez à des groupes de discussion: Les groupes de discussion peuvent être un excellent moyen d'apprendre des autres et de partager vos expériences.
- Lisez des livres et des articles: Il existe de nombreux livres et articles sur la finance

personnelle. Lire sur le sujet peut vous aider à mieux comprendre les concepts financiers.

Suivez des cours en ligne: Il existe de nombreux cours en ligne sur la finance personnelle. Ces cours peuvent vous aider à apprendre à votre propre rythme.

Conclusion

L'éducation financière est un investissement important qui peut vous aider à améliorer votre situation financière. En surmontant les obstacles à l'éducation financière, vous pouvez prendre le contrôle de votre finances et atteindre vos objectifs financiers.

Chapitre 12 : La patience

Partie 1 : Introduction

Dans ce chapitre, nous allons voir l'importance de la patience dans les finances personnelles.

La patience

La patience est la capacité à attendre sans se plaindre ou se décourager. Elle est importante dans de nombreux aspects de la vie, y compris les finances personnelles.

L'importance de la patience dans les finances personnelles

La patience est importante dans les finances personnelles pour plusieurs raisons :

- Elle permet d'atteindre ses objectifs financiers à long terme: Les objectifs financiers à long terme, tels que la retraite ou l'achat d'une maison, prennent du temps à atteindre. La patience est nécessaire pour rester motivé et ne pas se décourager lorsque les résultats ne sont pas immédiats.

- Elle permet d'éviter les erreurs: La patience permet de prendre des décisions financières réfléchies et de ne pas se laisser influencer par les émotions ou les pressions extérieures.
- Elle permet de profiter des opportunités: La patience permet d'attendre le bon moment pour investir ou réaliser une transaction financière.

Les obstacles à la patience

La patience peut être difficile à cultiver dans les finances personnelles. Voici quelques obstacles à la patience :

- L'impatience: L'impatience est un trait de caractère qui peut conduire à des décisions financières impulsives et à des erreurs.
- La pression sociale: La pression sociale peut nous pousser à prendre des décisions financières que nous ne sommes pas prêts à prendre.
- Les fluctuations du marché: Les fluctuations du marché peuvent être décourageantes et nous pousser à prendre des décisions hâtives.

Comment cultiver la patience

Voici quelques conseils pour cultiver la patience dans les finances personnelles :

- Fixez-vous des objectifs à long terme: Avoir des objectifs à long terme vous aidera à rester motivé et à ne pas vous décourager lorsque les résultats ne sont pas immédiats.
- Faites-vous un plan: Un plan financier vous aidera à suivre votre progression et à rester sur la bonne voie.
- Évitez les comparaisons: Évitez de comparer votre situation financière à celle des autres. Cela ne fera que vous rendre plus impatient.
- Soyez discipliné: Il est important d'être discipliné dans vos finances, même lorsque vous ne voyez pas de résultats immédiats.

Conclusion

La patience est une qualité importante dans les finances personnelles. Elle vous aidera à atteindre vos objectifs financiers à long terme, à éviter les erreurs et à profiter des opportunités.

Partie 2 : Le chemin vers la richesse est long

Introduction

Dans la partie précédente, nous avons vu l'importance de la patience dans les finances personnelles. Dans cette partie, nous allons voir comment la patience est essentielle pour atteindre la richesse.

La richesse

La richesse est un concept subjectif. Pour certaines personnes, la richesse signifie avoir beaucoup d'argent. Pour d'autres, la richesse signifie avoir une vie confortable et épanouie.

Le chemin vers la richesse

Le chemin vers la richesse est long et difficile. Il demande de la patience, de la discipline et de la persévérance.

Les obstacles à la richesse

Il existe de nombreux obstacles sur le chemin vers la richesse. Voici quelques-uns de ces obstacles :

- L'impatience: L'impatience est un obstacle majeur à la richesse. Elle peut nous pousser à prendre des décisions financières impulsives qui peuvent nous coûter cher.
- Les dépenses excessives: Les dépenses excessives peuvent éroder notre patrimoine et nous empêcher d'atteindre nos objectifs financiers.
- L'ignorance: L'ignorance des principes financiers peut nous empêcher de prendre de bonnes décisions financières.

Comment cultiver la patience pour atteindre la richesse

Voici quelques conseils pour cultiver la patience pour atteindre la richesse :

- Fixez-vous des objectifs à long terme: Avoir des objectifs à long terme vous aidera à rester motivé et à ne pas vous décourager lorsque les résultats ne sont pas immédiats.
- Faites un plan: Un plan financier vous aidera à suivre votre progression et à rester sur la bonne voie.
- Évitez les comparaisons: Évitez de comparer votre situation financière à celle des autres. Cela ne fera que vous rendre plus impatient.

- Soyez discipliné: Il est important d'être discipliné dans vos finances, même lorsque vous ne voyez pas de résultats immédiats.

Voici quelques exemples de la façon dont la patience peut être essentielle pour atteindre la richesse :

- L'épargne: L'épargne est un moyen essentiel pour atteindre la richesse. Cependant, l'épargne peut être difficile si l'on n'est pas patient. Il est important de se fixer des objectifs réalistes et de ne pas se décourager si les résultats ne sont pas immédiats.
- L'investissement: L'investissement est un autre moyen essentiel pour atteindre la richesse. Cependant, l'investissement comporte des risques. Il est important d'être patient et de ne pas paniquer si les marchés sont volatils.
- La gestion des dettes: La gestion des dettes est une étape importante pour atteindre la richesse. Cependant, la gestion des dettes peut être une tâche difficile, surtout si l'on a des dettes à taux d'intérêt élevé. Il est important d'être patient et de ne pas se décourager si les résultats ne sont pas immédiats.

Conclusion

La patience est une qualité essentielle pour atteindre la richesse. Elle nous aidera à rester sur la bonne voie et à atteindre nos objectifs, même si cela prend du temps.

Voici quelques conseils supplémentaires pour cultiver la patience pour atteindre la richesse :

- Visualisez votre objectif: Prenez le temps de visualiser ce que vous voulez atteindre avec votre argent. Cela vous aidera à rester motivé et à ne pas vous décourager.
- Rendez-vous des comptes: Fixez-vous des objectifs intermédiaires et récompensez-vous lorsque vous les atteignez. Cela vous aidera à rester motivé et à ne pas vous décourager.
- Parlez-en à quelqu'un: Parlez à un ami, un membre de votre famille ou un conseiller financier de vos objectifs financiers. Cela vous aidera à rester concentré et à ne pas vous décourager.

En suivant ces conseils, vous pourrez cultiver la patience dans vos finances personnelles et atteindre vos objectifs plus facilement.

Partie 3 : L'importance de la patience

Introduction

Dans les parties précédentes, nous avons vu l'importance de la patience dans les finances personnelles et pour atteindre la richesse. Dans cette partie, nous allons voir en détail les avantages de la patience dans les finances personnelles.

Les avantages de la patience

La patience offre de nombreux avantages dans les finances personnelles, notamment :

- Elle permet d'atteindre ses objectifs financiers: La patience est nécessaire pour rester motivé et ne pas se décourager lorsque les résultats ne sont pas immédiats.
- Elle permet d'éviter les erreurs: La patience permet de prendre des décisions financières réfléchies et de ne pas se laisser influencer par les émotions ou les pressions extérieures.

Elle permet de profiter des opportunités: La patience permet d'attendre le bon moment pour investir ou réaliser une transaction financière.

La patience permet d'atteindre ses objectifs financiers

Les objectifs financiers, tels que la retraite, l'achat d'une maison ou l'éducation des enfants, prennent du temps à atteindre. La patience est nécessaire pour rester motivé et ne pas se décourager lorsque les résultats ne sont pas immédiats.

La patience permet d'éviter les erreurs

L'impatience peut nous pousser à prendre des décisions financières impulsives qui peuvent nous coûter cher. La patience permet de prendre des décisions financières réfléchies et de ne pas se laisser influencer par les émotions ou les pressions extérieures.

La patience permet de profiter des opportunités

La patience permet d'attendre le bon moment pour investir ou réaliser une transaction financière. Par exemple, si vous êtes patient, vous pourrez peut-être acheter une action à un prix inférieur à sa valeur réelle.

Conclusion

La patience est une qualité essentielle pour réussir dans les finances personnelles. Elle vous aidera à atteindre vos objectifs, à éviter les erreurs et à profiter des opportunités.

Quelques conseils pour cultiver la patience

Voici quelques conseils pour cultiver la patience dans vos finances personnelles :

- Fixez-vous des objectifs à long terme: Avoir des objectifs à long terme vous aidera à rester motivé et à ne pas vous décourager lorsque les résultats ne sont pas immédiats.
- Faites un plan: Un plan financier vous aidera à suivre votre progression et à rester sur la bonne voie.
- Évitez les comparaisons: Évitez de comparer votre situation financière à celle des autres. Cela ne fera que vous rendre plus impatient.
- Soyez discipliné: Il est important d'être discipliné dans vos finances, même lorsque vous ne voyez pas de résultats immédiats.

En suivant ces conseils, vous pourrez cultiver la patience dans vos finances personnelles et atteindre vos objectifs plus facilement.

Partie 4 : Comment rester motivé

Introduction

Dans les parties précédentes, nous avons vu l'importance de la patience dans les finances personnelles et les avantages qu'elle offre. Dans cette partie, nous allons voir comment rester motivé pour atteindre ses objectifs financiers.

Comment rester motivé

La motivation est essentielle pour atteindre ses objectifs financiers. Voici quelques conseils pour rester motivé :

- Fixez-vous des objectifs SMART: Les objectifs SMART sont spécifiques, mesurables, atteignables, pertinents et temporels. Ils sont plus faciles à atteindre et à suivre.
- Faites un plan: Un plan financier vous aidera à suivre votre progression et à rester sur la bonne voie.
- Visualisez vos objectifs: Prenez le temps de visualiser ce que vous voulez atteindre avec votre argent. Cela vous aidera à rester motivé et à ne pas vous décourager.
- Rendez-vous des comptes: Fixez-vous des objectifs intermédiaires et récompensez-vous lorsque vous les atteignez. Cela vous aidera à rester motivé et à ne pas vous décourager.

- Parlez-en à quelqu'un: Parlez à un ami, un membre de votre famille ou un conseiller financier de vos objectifs financiers. Cela vous aidera à rester concentré et à ne pas vous décourager.

Rester motivé lorsque les choses sont difficiles

Il est normal de se décourager de temps en temps, surtout lorsque les choses sont difficiles. Voici quelques conseils pour rester motivé lorsque les choses sont difficiles :

- Rappelez-vous vos objectifs: Rappelez-vous pourquoi vous avez fixé ces objectifs et ce que vous voulez atteindre.
- Prenez du recul: Parfois, il est utile de prendre du recul et de voir la situation dans son ensemble.
- Demandez de l'aide: Si vous avez du mal à rester motivé, demandez de l'aide à un ami, un membre de votre famille ou un conseiller financier.

Conclusion

La motivation est essentielle pour atteindre ses objectifs financiers. En suivant ces conseils, vous pourrez rester motivé et atteindre vos objectifs, même si cela prend du temps.

Chapitre 13 : La liberté financière

Partie 1 : Introduction

Dans ce chapitre, nous allons voir ce qu'est la liberté financière et comment l'atteindre.

La liberté financière

La liberté financière est la capacité de vivre une vie sans être contraint par l'argent. Cela signifie avoir suffisamment d'argent pour couvrir ses besoins et ses désirs, sans avoir à travailler pour le gagner.

Les avantages de la liberté financière

La liberté financière offre de nombreux avantages, notamment :

- La liberté de faire ce que vous voulez: La liberté financière vous donne la liberté de choisir votre emploi, votre lieu de résidence et votre mode de vie.

- La liberté de ne pas avoir à vous soucier de l'argent: La liberté financière vous permet de vous concentrer sur les choses qui sont importantes pour vous, sans avoir à vous soucier de l'argent.
- La sécurité financière: La liberté financière vous donne la sécurité de savoir que vous avez suffisamment d'argent pour couvrir vos besoins, même si vous perdez votre emploi ou si vous tombez malade.

Comment atteindre la liberté financière

Il n'y a pas de recette miracle pour atteindre la liberté financière. Cependant, il existe quelques principes fondamentaux qui peuvent vous aider à y parvenir.

- Réduire vos dépenses: La première étape pour atteindre la liberté financière est de réduire vos dépenses. Cela vous permettra de mettre plus d'argent de côté pour vos investissements.
- Augmenter vos revenus: La deuxième étape est d'augmenter vos revenus. Cela peut se faire en augmentant votre salaire, en obtenant un deuxième emploi ou en démarrant votre propre entreprise.
- Investir votre argent: La troisième étape est d'investir votre argent. Cela vous permettra de

faire fructifier votre argent et d'atteindre votre objectif de liberté financière plus rapidement.

Conclusion

La liberté financière est un objectif réalisable pour la plupart des gens. En suivant les principes fondamentaux ci-dessus, vous pouvez atteindre votre objectif et vivre une vie plus libre et plus épanouie.

Voici quelques conseils supplémentaires pour atteindre la liberté financière :

- Commencez tôt: Il est plus facile d'atteindre la liberté financière si vous commencez tôt.
- Soyez patient: Il faut du temps pour atteindre la liberté financière. Ne vous découragez pas si vous ne l'atteignez pas du jour au lendemain.
- Soyez discipliné: Il est important d'être discipliné dans votre gestion de l'argent si vous voulez atteindre la liberté financière.

En suivant ces conseils, vous pourrez augmenter vos chances d'atteindre votre objectif de liberté financière.

Partie 2 : La définition de la liberté financière

Introduction

Dans la partie précédente, nous avons vu ce qu'est la liberté financière et comment l'atteindre. Dans cette partie, nous allons voir la définition de la liberté financière.

La définition de la liberté financière

Il n'y a pas de définition unique de la liberté financière. Cependant, elle est généralement définie comme la capacité de vivre une vie sans être contraint par l'argent. Cela signifie avoir suffisamment d'argent pour couvrir ses besoins et ses désirs, sans avoir à travailler pour le gagner.

Les différents niveaux de liberté financière

Il existe différents niveaux de liberté financière. Pour certains, la liberté financière signifie pouvoir vivre sans travailler. Pour d'autres, cela signifie pouvoir travailler moins ou pouvoir choisir son emploi.

Les facteurs qui influencent la liberté financière

La liberté financière est influencée par plusieurs facteurs, notamment :

- Les revenus: Plus vous gagnez d'argent, plus vous avez de chances d'atteindre la liberté financière.
- Les dépenses: Moins vous dépensez, plus vous avez de chances d'atteindre la liberté financière.
- Les investissements: En investissant votre argent, vous pouvez le faire fructifier et atteindre votre objectif de liberté financière plus rapidement.
- Le temps: Il faut du temps pour atteindre la liberté financière.

Conclusion

La liberté financière est un objectif qui peut être atteint par la plupart des gens. En suivant les conseils de cette section, vous pouvez augmenter vos chances d'atteindre votre objectif.

La liberté financière est un concept subjectif

La liberté financière est un concept subjectif. Ce qui signifie que ce qui est considéré comme la liberté financière pour une personne ne l'est pas nécessairement pour une autre.

Par exemple, une personne peut considérer que la liberté financière signifie avoir suffisamment d'argent pour couvrir ses besoins de base, tandis qu'une autre peut considérer que la liberté financière signifie pouvoir vivre une vie de luxe.

Il n'y a pas de bonne ou de mauvaise réponse à cette question. La liberté financière est ce que vous en faites.

La liberté financière est un objectif réalisable

La liberté financière est un objectif réalisable pour la plupart des gens. En suivant les conseils de ce chapitre, vous pouvez augmenter vos chances d'atteindre votre objectif.

La patience est la clé

Il faut du temps pour atteindre la liberté financière. Ne vous découragez pas si vous ne l'atteignez pas du jour au lendemain. Soyez patient et continuez à travailler vers votre objectif.

Partie 3 : Les avantages de la liberté financière

Introduction

Dans les parties précédentes, nous avons vu ce qu'est la liberté financière, comment l'atteindre et sa définition. Dans cette partie, nous allons voir les avantages de la liberté financière.

Les avantages de la liberté financière

La liberté financière offre de nombreux avantages, notamment :

- La liberté de faire ce que vous voulez: La liberté financière vous donne la liberté de choisir votre emploi, votre lieu de résidence et votre mode de vie.
- La liberté de ne pas avoir à vous soucier de l'argent: La liberté financière vous permet de vous concentrer sur les choses qui sont importantes pour vous, sans avoir à vous soucier de l'argent.

- La sécurité financière: La liberté financière vous donne la sécurité de savoir que vous avez suffisamment d'argent pour couvrir vos besoins, même si vous perdez votre emploi ou si vous tombez malade.

La liberté de faire ce que vous voulez

L'un des principaux avantages de la liberté financière est la liberté de faire ce que vous voulez. Cela signifie que vous n'êtes pas obligé de travailler pour gagner de l'argent. Vous pouvez donc choisir un emploi qui vous plaît, ou même ne pas travailler du tout.

La liberté de ne pas avoir à vous soucier de l'argent

Un autre avantage de la liberté financière est la liberté de ne pas avoir à vous soucier de l'argent. Cela signifie que vous pouvez vous concentrer sur les choses qui sont importantes pour vous, comme votre famille, vos amis et vos passions.

La sécurité financière

La liberté financière vous donne également une sécurité financière. Cela signifie que vous avez suffisamment d'argent pour couvrir vos besoins, même si vous perdez votre emploi ou si vous tombez malade.

Conclusion

La liberté financière offre de nombreux avantages, tant sur le plan personnel que financier. En atteignant la liberté financière, vous pouvez vivre une vie plus heureuse, plus épanouie et plus sûre.

Voici quelques exemples d'avantages de la liberté financière :

- Vous pouvez voyager plus souvent.
- Vous pouvez passer plus de temps avec votre famille et vos amis.
- Vous pouvez vous consacrer à vos passions.
- Vous pouvez vous lancer dans des projets personnels.
- Vous pouvez aider les autres.

"La liberté financière est un objectif qui vaut la peine d'être poursuivi."

Partie 4 : Comment atteindre la liberté financière

Introduction

Dans les parties précédentes, nous avons vu ce qu'est la liberté financière, ses avantages et sa définition. Dans cette partie, nous allons voir comment atteindre la liberté financière.

Les étapes pour atteindre la liberté financière

Il n'y a pas de recette miracle pour atteindre la liberté financière. Cependant, il existe quelques étapes que vous pouvez suivre pour augmenter vos chances d'atteindre votre objectif.

Étape 1 : Définissez votre objectif

La première étape est de définir votre objectif. Combien d'argent avez-vous besoin pour atteindre la liberté financière ? Une fois que vous connaissez votre objectif, vous pouvez commencer à planifier votre stratégie.

Étape 2 : Réduisez vos dépenses

La deuxième étape est de réduire vos dépenses. Plus vous dépensez, plus il vous faudra de temps pour atteindre votre objectif. Il existe de nombreuses façons de réduire vos dépenses, comme :

- Créer un budget
- Éliminer les dépenses inutiles
- Comparaison des prix
- Recherchez des offres

Étape 3 : Augmentez vos revenus

La troisième étape est d'augmenter vos revenus. Vous pouvez augmenter vos revenus en :

- Obtenant une promotion
- Trouvant un emploi secondaire
- Démarrant votre propre entreprise

Étape 4 : Investissez votre argent

La quatrième étape est d'investir votre argent.
L'investissement vous aidera à faire fructifier votre
argent et à atteindre votre objectif de liberté financière
plus rapidement. Il existe de nombreux types
d'investissements, tels que :

- L'immobilier
- Les actions
- Les obligations
- Les fonds communs de placement

Étape 5 : Soyez patient

Il faut du temps pour atteindre la liberté financière. Ne
vous découragez pas si vous ne l'atteignez pas du jour
au lendemain. Soyez patient et continuez à travailler
vers votre objectif.

Conclusion

En suivant ces étapes, vous pouvez augmenter vos
chances d'atteindre la liberté financière. La liberté

financière est un objectif qui vaut la peine d'être poursuivi.

Quelques conseils supplémentaires

Voici quelques conseils supplémentaires pour atteindre la liberté financière :

- Commencez tôt: Il est plus facile d'atteindre la liberté financière si vous commencez tôt.
- Soyez discipliné: Il est important d'être discipliné dans votre gestion de l'argent si vous voulez atteindre la liberté financière.
- Faites appel à un professionnel: Si vous n'êtes pas sûr de comment investir votre argent, faites appel à un professionnel.

En suivant ces conseils, vous pourrez augmenter vos chances d'atteindre votre objectif de liberté financière.

Chapitre 14 : Conclusion

Partie 1 : Conclusion générale

Dans ce chapitre, nous avons vu comment atteindre la liberté financière. Nous avons vu que la liberté financière est un objectif réalisable pour la plupart des gens. En suivant les étapes et les conseils de ce chapitre, vous pouvez augmenter vos chances d'atteindre votre objectif.

Les clés de la liberté financière

Les clés de la liberté financière sont :

- Un objectif clair: Il est important de savoir combien d'argent vous avez besoin pour atteindre la liberté financière.
- Une stratégie solide: Une fois que vous connaissez votre objectif, vous pouvez commencer à planifier votre stratégie.
- De la discipline: Il est important d'être discipliné dans votre gestion de l'argent si vous voulez atteindre la liberté financière.
- Du temps: Il faut du temps pour atteindre la liberté financière.

Ne vous découragez pas

Si vous n'avez pas atteint la liberté financière aujourd'hui, ne vous découragez pas. Continuez à travailler vers votre objectif et vous y arriverez.

Conclusion

La liberté financière est un objectif qui vaut la peine d'être poursuivi. En suivant les conseils de ce chapitre, vous pouvez augmenter vos chances d'atteindre votre objectif et vivre une vie plus heureuse, plus épanouie et plus sûre.

Quelques conseils supplémentaires

Voici quelques conseils supplémentaires pour atteindre la liberté financière :

- Commencez tôt: Il est plus facile d'atteindre la liberté financière si vous commencez tôt.
- Soyez discipliné: Il est important d'être discipliné dans votre gestion de l'argent si vous voulez atteindre la liberté financière.

- Faites appel à un professionnel: Si vous n'êtes pas sûr de comment investir votre argent, faites appel à un professionnel.

En suivant ces conseils, vous pourrez augmenter vos chances d'atteindre votre objectif de liberté financière.

Partie 2 : Mon message aux lecteurs

Chers lecteurs,

Je vous remercie d'avoir lu ce livre. J'espère que vous avez trouvé les informations et les conseils utiles.

J'ai écrit ce livre pour vous aider à atteindre la liberté financière. La liberté financière est un objectif réalisable pour la plupart des gens. En suivant les étapes et les conseils de ce livre, vous pouvez augmenter vos chances d'atteindre votre objectif.

Voici quelques messages clés que j'aimerais vous laisser :

- La liberté financière est un objectif qui vaut la peine d'être poursuivi. Elle vous donnera la liberté de faire ce que vous voulez, quand vous voulez, sans avoir à vous soucier de l'argent.

- La liberté financière ne s'obtient pas du jour au lendemain. Il faut du temps, de la discipline et de la persévérance pour atteindre cet objectif.
- Il n'y a pas de formule magique pour atteindre la liberté financière. Il faut créer votre propre plan et le suivre.

Je vous souhaite bonne chance dans votre parcours vers la liberté financière.

Sincèrement,

Olivier

Partie 3 : Les bonnes résolutions

Maintenant que vous avez terminé ce livre, vous pouvez commencer à réfléchir à vos propres bonnes résolutions pour atteindre la liberté financière.

Voici quelques idées de bonnes résolutions :

- Définir votre objectif de liberté financière. Combien d'argent avez-vous besoin pour atteindre votre objectif ?
- Réduisez vos dépenses. Plus vous dépensez, plus il vous faudra de temps pour atteindre votre objectif.

- Augmentez vos revenus.Vous pouvez augmenter vos revenus en obtenant une promotion, en trouvant un emploi secondaire ou en démarrant votre propre entreprise.
- Investissez votre argent. L'investissement vous aidera à faire fructifier votre argent et à atteindre votre objectif plus rapidement.

Voici quelques conseils pour vous aider à tenir vos bonnes résolutions :

- Soyez concret. Ne vous contentez pas de dire que vous voulez atteindre la liberté financière. Définissez un objectif précis et un plan pour l'atteindre.
- Soyez discipliné. Il est important d'être discipliné dans votre gestion de l'argent si vous voulez atteindre la liberté financière.
- Faites-vous accompagner. Si vous vous sentez dépassé, faites-vous accompagner par un professionnel.

Je vous souhaite bonne chance dans votre parcours vers la liberté financière.

Voici quelques exemples de bonnes résolutions spécifiques

- Je vais créer un budget et le suivre à la lettre.
- Je vais éliminer les dépenses inutiles, comme les repas à l'extérieur et les achats impulsifs.

- Je vais chercher un emploi secondaire pour augmenter mes revenus.
- Je vais investir 10 % de mes revenus dans des actions.

Ces résolutions sont juste des exemples. Vous pouvez les adapter à votre situation et à vos objectifs. L'important est de commencer et de faire des progrès, même si ce sont de petits progrès.

En suivant ces conseils, vous pouvez augmenter vos chances d'atteindre la liberté financière et vivre une vie plus heureuse, plus épanouie et plus sûre.

Chapitre 15 : Bonus

Bonus 1 : Les erreurs à éviter

Voici quelques erreurs à éviter si vous voulez atteindre la liberté financière :

- Ne pas avoir d'objectif clair. Il est important de savoir combien d'argent vous avez besoin pour atteindre la liberté financière. Sans objectif clair, vous risquez de vous perdre et de ne pas atteindre votre objectif.
- Ne pas suivre un plan.Il est important de créer un plan et de le suivre. Sans plan, vous risquez de vous laisser décourager et de ne pas atteindre votre objectif.
- Ne pas être discipliné. Il est important d'être discipliné dans votre gestion de l'argent si vous voulez atteindre la liberté financière. Sans discipline, vous risquez de dépenser plus que vous ne gagnez.
- Ne pas investir.L'investissement est un moyen important de faire fructifier votre argent et d'atteindre votre objectif plus rapidement. Sans investir, vous risquez de perdre de l'argent sur l'inflation.

Bonus 2 : Les ressources utiles

Voici quelques ressources utiles qui peuvent vous aider à atteindre la liberté financière :

- Livres
  - "The Millionaire Next Door" de Thomas J. Stanley et William D. Danko
  - "Rich Dad Poor Dad" de Robert Kiyosaki
  - "The Automatic Millionaire" de David Bach
- Sites Web
  - www.bogleheads.or
  - www.investopedia.com
  - www.personalfinanceclub.com
- Applications
  - Mint
  - Personal Capital
  - You Need a Budget (YNAB)

Bonus 3 : Le mot de la fin

La liberté financière est un objectif qui vaut la peine d'être poursuivi. En suivant les conseils de ce livre et en évitant les erreurs courantes, vous pouvez augmenter vos chances d'atteindre votre objectif.

Je vous souhaite bonne chance dans votre parcours vers la liberté financière.

Bonus 4 : Les conseils d'un millionnaire

Dans cette section, nous allons partager quelques conseils d'un millionnaire pour atteindre la liberté financière. Ces conseils sont basés sur les expériences et les connaissances de personnes qui ont réussi à atteindre leurs objectifs financiers.

1. Commencez tôt

Le meilleur moment pour commencer à planifier votre liberté financière est dès aujourd'hui. Plus tôt vous commencez, plus vous avez de temps pour faire fructifier votre argent. Même si vous ne pouvez pas épargner beaucoup d'argent au début, chaque petit geste compte.

2. Établissez un objectif clair

Avant de pouvoir commencer à planifier votre liberté financière, vous devez d'abord savoir combien d'argent vous avez besoin. Cela vous aidera à déterminer combien vous devez épargner et investir chaque mois.

3. Créez un budget

Un budget est un outil essentiel pour gérer vos finances. Il vous aidera à suivre vos dépenses et à vous assurer que vous ne dépensez pas plus que vous ne gagnez.

4. Investissez régulièrement

L'investissement est un moyen important de faire fructifier votre argent. Il existe de nombreux types d'investissements disponibles, vous pouvez donc trouver celui qui convient à votre profil d'investisseur.

5. Soyez patient

Il faut du temps pour atteindre la liberté financière. Ne vous découragez pas si vous ne l'atteignez pas du jour au lendemain. Continuez à travailler dur et vous y arriverez.

Les points a bien retenir :

- Vivez en dessous de vos moyens

C'est l'un des conseils les plus importants que vous puissiez suivre. Si vous vivez en dessous de vos moyens, vous aurez plus d'argent à épargner et à investir.

- Évitez les dettes

Les dettes peuvent être un obstacle à la liberté financière. Si vous avez des dettes, concentrez-vous sur leur remboursement avant de commencer à épargner et à investir.

- Apprenez à investir

Il existe de nombreuses ressources disponibles pour vous aider à apprendre à investir. Prenez le temps de vous renseigner sur les différents types d'investissements et les risques associés.

- Soyez discipliné

Il est important d'être discipliné dans votre gestion de l'argent si vous voulez atteindre la liberté financière. Cela signifie suivre votre budget et investir régulièrement, même lorsque vous avez envie de dépenser votre argent.

- Faites appel à un professionnel

Si vous n'êtes pas sûr de comment gérer vos finances, faites appel à un professionnel. Un conseiller financier peut vous aider à créer un plan financier personnalisé qui répond à vos besoins et à vos objectifs.

En suivant ces conseils, vous pouvez augmenter vos chances d'atteindre la liberté financière.

Postface

La liberté financière est un objectif qui vaut la peine d'être poursuivi. Elle vous donnera la liberté de faire ce que vous voulez, quand vous voulez, sans avoir à vous soucier de l'argent.

En suivant les conseils de ce livre et en évitant les erreurs courantes, vous pouvez augmenter vos chances d'atteindre votre objectif.

Voici quelques conseils supplémentaires pour atteindre la liberté financière :

Soyez positif

Avoir un état d'esprit positif est important pour atteindre vos objectifs. Si vous croyez que vous pouvez y arriver, vous êtes plus susceptible de réussir.

Ne vous découragez pas

Il y aura des moments difficiles sur la route vers la liberté financière. Ne vous laissez pas décourager si vous n'atteignez pas votre objectif du jour au lendemain. Continuez à travailler dur et vous y arriverez.

Amusez-vous

Le voyage vers la liberté financière devrait être amusant. Si vous ne vous amusez pas, vous êtes moins susceptible de rester motivé.

Je vous souhaite bonne chance dans votre parcours vers la liberté financière.

Message personnel

Cher lecteur,

Je vous écris ce message avec un profond espoir et une grande motivation. J'espère que ce message vous aidera à atteindre votre objectif de liberté financière.

Je sais que la liberté financière peut sembler un objectif lointain ou inatteignable. Mais je suis là pour vous dire que c'est possible. Avec de la discipline, de la persévérance et un peu d'aide, vous pouvez atteindre votre objectif.

Je crois en vous. Je crois que vous avez le potentiel d'atteindre la liberté financière. Vous êtes intelligent, travailleur et déterminé. Vous avez tout ce qu'il faut pour réussir.

Je vous encourage à commencer dès aujourd'hui. Commencez à suivre vos dépenses, à augmenter vos revenus et à investir votre argent. Ne vous découragez pas si vous ne voyez pas de résultats immédiatement. Continuez à travailler dur et vous y arriverez.

Je suis là pour vous accompagner dans votre parcours. N'hésitez pas à me poser des questions ou à me demander des conseils. Je serais ravi de vous aider à atteindre votre objectif.

Je vous souhaite bonne chance dans votre voyage vers la liberté financière.

Visualisez votre objectif

Prenez un moment pour visualiser ce que vous ferez lorsque vous atteindrez la liberté financière. Imaginez-vous vivre la vie de vos rêves, sans avoir à vous soucier de l'argent. Cette vision vous aidera à rester motivé.

Trouvez un mentor

Trouvez quelqu'un qui a déjà atteint la liberté financière. Cette personne peut vous inspirer et vous donner des conseils précieux.

Rejoignez une communauté

Il existe de nombreuses communautés en ligne et hors ligne qui peuvent vous aider à atteindre votre objectif de liberté financière. Ces communautés vous fourniront un soutien et une motivation.

"Je crois en vous. Je sais que vous pouvez y arriver."